心智突破
——行为经济学与认知升级

孙惟微 __ 著

中国华侨出版社
·北京·

楔子：俄罗斯轮盘下的人性试炼

这门源自赌博的科学，必将成为人类知识中最重要的部分。大部分生活中最重要的问题，都只是概率的问题。

——拉普拉斯《概率分析理论》

有个大亨，古怪而又无聊。

大亨曾经在纽约市中心砌了个垃圾坑，堆满了恶臭的秽物。大亨让人将几百万美元现钞全部洒在垃圾坑内，并在旁边立了块牌子：这些钞票可以任意自取。

大亨的唯一乐趣，就是用他那富可敌国的财富，来试炼人性的真实。

他非常乐见衣冠楚楚的先生小姐们斯文扫地，像虫子一样在垃圾堆中你争我抢。

10亿美元的赏金，你来玩吗？

大亨的做法引来了很多的批评，因为他诱人堕落。但大亨依然我行我素。不但没有收敛，反而变本加厉。大亨通过电视台和公证机构，开设了这样一个赌局：

5张面额为10亿美元的现金支票，一把能装6枚子弹的左轮手枪，枪内只装一枚子弹，并随机转动弹匣。被选中的6名参赛者，只要对着自己的太阳穴扣动扳机后还活着，就可以把支票拿去兑现。

你，愿意玩一把吗？

笔者曾在"开心网"的投票栏目中介绍过这个赌局，在27 000名投票网友中，有45%选择了"愿意"。如果排队的话，应该是相当壮观了。

100亿美元，你愿意吗？

现在，大亨又通过电视直播，开设了一场赌局。玩的依然是俄罗斯轮盘赌，赏金增至100亿美元。

舞台中央有一个幸运转盘，转盘等分为六个格，分别标注为1、2、3、4、5、6。主持人将依照转出的结果，给左轮手枪上子弹（比如，转盘停在3上，手枪里就装3枚子弹，停在2上，就装两枚子弹），交给节目主持人。

　　插播了一段广告后，主持人转动了左轮手枪的弹匣，并用它指着参赛者的太阳穴。主持人扣动扳机前，大亨突然提议：补充一条规则，参赛者可以买走一颗弹匣里的子弹。注意，仅仅能买走一颗。

　　假设你是一位"有幸"被选中的参赛者。你可以和主持人商量一个价格，让他随机从弹匣里取出一枚子弹，你则递给他一叠钱。然后，他会再次转动弹匣，指着你的脑袋扣动扳机。

　　A. 假如手枪弹匣里只有1枚子弹，你愿意花多少钱买下那枚子弹？

　　B. 假如手枪弹匣里有4枚子弹，你又愿意花多少钱买走一枚子弹呢？

　　显然，在A情况下，倾家荡产也得把那枚子弹买下。B情况下，则有点儿无所谓。

　　这个赌局，是著名的"阿莱悖论"的翻版，它已经触及了哲学、心理学与经济学最深层次的部分。本书要谈的"怪诞行为经济学"，将对这个问题有完美的解释。

目 录

第1章 心智拼图
——关于选择的七种信条

信条1：一毛不拔（损失反应过敏症）/002

信条2：眷恋物权（所有权眷恋症）/006

信条3：落袋为安（二鸟在林，不如一鸟在手）/009

信条4：困兽犹斗（两害相权赌一把）/011

信条5：黑即是白（没有比较就没有鉴别）/015

信条6：不怕一万（低估大概率事件）/020

信条7：就怕万一（迷恋小概率事件）/024

七种信条与心智拼图 /028

第2章 天地不仁
——赌博不是心理问题，而是生理问题

大自然的赌局 /031

冒险家与幸运儿的后裔 / 033

为"赌"痴狂 / 034

赌性与基因 / 037

人类只是蹩脚的"赌徒" / 038

第3章 诸行无常
——"平均斯坦"与"极端斯坦"

长得丑就没资格生女儿吗 / 041

天之道,截长补短 / 042

身高大预测 / 043

王侯将相,宁有种乎 / 045

精三分,憨三分,留下三分给子孙 / 046

"玄学"中的"均值回归" / 047

天才乃不祥之物吗 / 048

怎样预测"下一次"的表现 / 049

正态分布与钟形曲线 / 051

人之道,截短补长 / 052

幂律分布 / 054

极端的世态 / 055

齐普夫定律 / 058

正态(常态)与幂律的区别 / 059

一抔沙的隐喻 / 061

地震不可预测吗 / 063

黄石公园效应 /065

君子不器 /066

智识大骗局 /068

命运比智慧更公平 /076

风起于青蘋之末 /077

第4章 预言游戏

问道于猴 /080

预测，有着永恒的魅力 /082

人有预测的本能 /083

"机会之魔"乱发牌 /084

经济思想史上最惊人的谬误 /085

预测取决于运气 /087

就算不灵，谁又会大煞风景 /088

第5章 遍地枭雄

——自负、"吹牛"或英雄主义

不吹牛，毋宁死 /093

"吹吹"更健康 /094

随处可见的夜郎自大 /095

吹出新天地 /097

文化产业应收"吹牛税" /098

致命的自负 /100

预测越准,信心越低 /102

男人比女人更自负 /103

傲气,所以"有种" /104

单身汉最自负 /105

男为己悦者"吹" /106

拖延症 /107

第6章 贴现未来
——高瞻远瞩与活在当下

今天的100元,要大于明天的100元 /111

远见太远,也是一种贪婪 /112

动物同样喜欢贴现 /113

效用也可以贴现 /114

摇摇欲坠的传统贴现理论 /115

你会选择哪天和偶像一起吃晚餐 /117

怪诞的"夸张贴现" /120

人人都有末日情结 /122

第7章 价即是空
——心理价值与成交玄机

"心锚"漫天飞 / 125

价值扭曲引力场 / 126

锚定加限时,挡不住的诱惑 / 128

地产掮客如何忽悠 / 130

菜单设计的原则 / 130

身价之锚 / 131

中庸的魅力 / 133

"不那么奸诈"的消费心理学 / 134

卷土重来的"傻瓜" / 137

"参照依赖"让你对高物价变得迟钝 / 138

为何不把原价抹掉 / 139

尾数效应 / 140

交易效用 / 142

第8章 奇幻思维
——随机世界与自欺欺人

被随机愚弄 / 145

随机世界的赌客 / 148

小数法则 / 152

赌徒谬误的根源 / 153

失败者没有发言权 /155

连抛 99 次硬币都出正,下次出正还是出反呢 /157

"非线性"的世界 /159

赌与投资之异同 /160

患癌症的真正概率为多少 /161

持有"赔钱货",卖出绩优股 /162

怕懊悔的鸵鸟 /165

随大流的牛群 /166

斯金纳的蜜蜂 /168

货币幻觉 /169

财富幻觉 /171

次贷与房奴 /173

奇奇科夫式富贵 /176

忽略机会成本 /179

第 9 章 心账理论

心智分账 /182

"话剧实验"与心理分账 /183

启动"零钱账户" /184

化整为零,日行一善 /186

外财如浮云 /187

无恒产者无恒心 /192

得失微积分 /193

"相对值优惠"的诱惑 /197

"免费"的冲击力 /198

特斯拉与沉没成本 /200

难得糊涂 /202

知止不败 /204

第10章 福田心造
——非理性的积极力量

庐山烟雨浙江潮 /207

当时只道是寻常 /208

不如抛却去寻春 /209

入山又恐别倾城 /210

倾覆一座城,成就一段情 /211

凡外重者内拙 /212

小的崩溃,可以防止大的崩溃 /213

快乐与痛苦的重叠 /214

甜柠檬心理 /215

第11章 跨越迷障
——直觉思维与偏见重组

当2.0的大脑遇见3.0的世界 /218

死一个人是悲剧，死100万人只是统计数字 /219
思维，快与慢 /221
荒唐而又神奇的直觉 /223
偏见也是一种"导航" /225
偏见的因势利导 /226
价格提升价值 /227
奢侈品与材质无关 /228
美而不贵，等于不美 /230
奢侈的对立面是什么 /232
来点儿神秘感，才有溢价 /234
盲从权威 /234
改革总是危机驱动 /236
一致性倾向 /237
坦然接受不一致性 /240
反差导致的误判 /240

第1章 心智拼图
——关于选择的七种信条

人类对风险的感知，和实际存在的风险不对称，这是行为经济学的精髓所在。

——理查德·泰勒

我的很多发现，卑之无甚高论。因为这是赌徒、广告人、地产掮客早已心知肚明的。

——阿莫斯·特韦斯基

2002年度的诺贝尔经济学奖，授予了心理学家丹尼尔·卡尼曼。其贡献在于"前景理论"。为便于理解，姑且将"前景理论"中的函数称为人类的"心智拼图"，并将其拆解为七种"信条"。

信条是个中性词，它可以是一种信仰，也可以是一种迷信。它可以是人的尊贵所在，也可以是人的心魔所在。

或许，正如特韦斯基所谦称的一样，这些理论本身"卑之无甚高论"，因为这早就是职业赌客、广告人、地产掮客、江湖骗子们已经明了，并暗中恪守的。

信条1：一毛不拔（损失反应过敏症）

人类祖先一方面要去觅食，另一方面还要防止被掠食。

假设你是一名原始人，将要进行一项冒险：有50%可能让你猎杀一头大象，也有50%可能殒命。

客观而言，这种冒险是值得的。但在你自己看来，就算给你全世界的食物，你也未必肯卸掉自己的一只脚，更别说失去生命。

科学家已经探明，"损失厌恶"起作用的关键部位，在大脑的杏仁核。大脑杏仁核与人类恐惧情绪的生成关系密切，它可以在一定程度上抑制人类进行冒险。

我们会对自己的东西赋予更高的价值。这样"偏心"地权衡得失，对人类的生存来讲是明智的。诚如基督所言："人若赚得全世界，赔上自己的生命，有什么益处呢？人还能拿什么换生命呢？"

一毛不拔，是战国时代的杨朱所倡导的。他认为"拔一毛而利天下，不为也"。也就是说，自身的安全是最重要的，就算是取一根小腿上的汗毛这样的事情也不要去做，哪怕这样做能让天下人都受益。

这当然是个极端的说法。一毛不拔的本意并非抠门，而是一种"贵己""贵生"的哲学。有学者认为，杨朱与庄周其实是同一人（古音庄与杨、周与朱俱相近），笔者认为是有一定道理的。一毛不拔与庄周鼓吹的"保身全生"是一致的。

"贵己""贵生"其实也是一种原始情感。用行为经济学的专业术语表述，这叫"损失厌恶"（Loss Aversion）。需要交代的是，aversion 这个词，既可以翻译为规避，也可以翻译为厌恶。正如拍卖和招标在英语里是同一个词，但中文里意思却有微妙的不同。

· **白捡 100 元的快乐，无法抵消丢失 100 元的痛苦**

对于这则信条，我有一个比喻：白捡 100 元的快乐，无法抵消丢失 100 元所带来的痛苦。

人类具有"损失厌恶"的弱点，这可以称为一种"毛病"——损失反应过敏症。这种"毛病"非常普遍，几乎每个人都难以幸免。

我曾在网上做过一个调查，来检验大家对得失的感受。

假如你去逛街，捡到了 1 000 元，没多久又丢了 1 000 元。

按照传统经济学的假设，理性的你既不应该感到庆幸，更不应该感到失落。事实上，那是不可能的。多少会感到隐隐的失落，是吧！以下哪个项，可以让你不感到失落？

A. 你捡到 1 000 元，没多久又丢了 1 000 元。

B. 你捡到 1 200 元，没多久又丢了 1 000 元。

C. 你捡到 1 500 元，没多久又丢了 1 000 元。

D. 你捡到 1 600 元，没多久又丢了 1 000 元。

大部分网友选择了 C。也就是说，大约需要白捡 1 500 元，才能抚平丢失 1 000 元带来的伤痛。

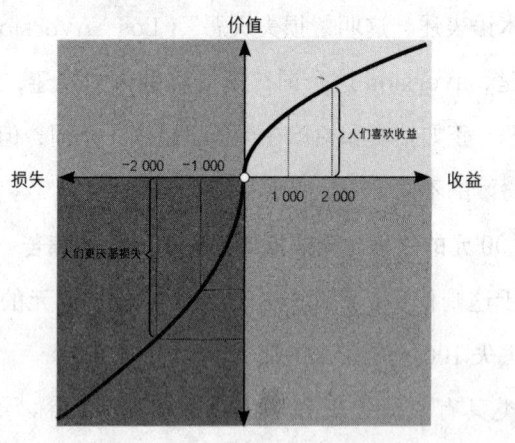

■ 前景理论假设的价值函数。如图所示，我们的心是"偏"的。

· 猴子也有"损失厌恶"倾向

如果"损失厌恶"是生物进化的结果，那么它就不应是人类的专利。耶鲁大学研究灵长类的教授们，要通过一系列实验证实这个问题。

他们要设计一种赌局，让我们 3 500 万年前的远亲——

猴子参与赌博。

他们以实验室中的一群僧帽猴为研究对象,其中有雌有雄。他们首先要教会猴子使用金属代币来购买食物。

猴子们很快学会了一种最基础的经济游戏规则:把代币交给实验员,便能换回几颗葡萄。问题来了,这是猴子们真的明白了"交易"的内涵,还是只是一种条件反射?

同样是收取一枚代币,黑衣售货员总是给一颗葡萄,而白衣售货员则总是给两颗葡萄。很快,几乎所有的猴子都选择和白衣售货员做交易——如此可见,猴子们不但懂得交易,而且是价格敏感型顾客!

随后,实验进一步要证明猴子是否存在"损失厌恶"。

这次与猴子做交易的是两名"奸商"——绿衣售货员和红衣售货员。绿衣售货员一开始给猴子的都是三颗葡萄,但当猴子付完代币之后,绿衣售货员总是固定拿走一颗,只给猴子两颗葡萄;红衣售货员则一半时间交给猴子三颗葡萄,另一半时间只给猴子一颗葡萄。

猴子们对此非常不满,但一段时间后,猴子们认识到,如果和绿衣售货员交易,意味着必定会蒙受损失——每次损失一颗;如果和红衣售货员交易,则要承担损失两颗葡萄的风险,但是也有可能秋毫无损。

结果不出所料,绝大部分的猴子选择了红衣售货员。 人类与猴子在这方面如此相近!

有经验的售货员都知道这个道理,顾客买一斤散装糖果,售货员要么从八九两添加到一斤,要么从一斤多减到一斤。其结果都是一斤。但顾客对前者的满意度要高于后者。因为顾客在观看后者的过程中,感觉自己在遭受损失。

广告人可以利用这则信条,请看下面的广告——

读完《赌客信条》,你的收入将会翻一番!

不读《赌客信条》,你的收入会减少一半!

这两则广告其实是等价的,但哪个效果更好一点儿呢?从"损失厌恶"的角度讲,后者更佳。

信条2:眷恋物权(所有权眷恋症)

禅师打机锋时常说:"自己的排泄物不会觉得臭。"

自己的东西,哪怕是一片纸,都会觉得有着特别的趣味。别人的纸上哪怕写着最缠绵的情话,在我们眼里它也是一片垃圾。

· 赠予效应

有一个著名的实验,出自芝加哥大学的泰勒教授。

泰勒在康奈尔大学任教时,随机找了一批大学生做自己的实验对象。泰勒把这些学生分成两组,分别安排在两间教室。

泰勒从学校的商店里买了一批印有康奈尔大学LOGO的马克杯,这些杯子的零售价是5元。为了做实验,泰勒把这些杯子的价签事先全都撕掉了。

在第一间教室,泰勒将杯子分给了教室内的同学,告诉他们说,这些杯子是赠送给他们的。

随后,泰勒教授来到了第二间教室,召开了一个小型"拍卖会"。他告诉这些同学,他要卖给他们每人一个杯子,问他们愿意出多少钱买这个马克杯。泰勒给出的指导价是0.5~9元。

接着,泰勒又来到了第一间教室。泰勒说:不好意思,同学们,学校今天要组织个小型联谊会,杯子不够用了,需要从你们手里回购一些马克杯。请你们写出一个你们愿意出售的价格。

第一间教室的同学给出的平均出售价是7元钱;而第二间教室的同学给出的平均购买价只有3元。

这个实验结果,反映的是人类的另一种毛病:所有权眷恋症。泰勒称之为赠予效应(Endowment Effect)。

· 敝帚自珍

敝帚自珍这则成语,出自陆游的诗句"敝帚何施亦自珍"。意思是,自己的破扫帚都该扔了,可是还继续当宝贝似的不舍得。

我曾经帮一个朋友把他的旧床扔掉了,这哥们儿三天后又捡了回去。虽然没有什么用,但就是不舍得扔。他那两居室月租金 8 000 元，那张大床就占了一间卧室。最近一次搬家，总算扔掉了。

在某个城中村，王某、霍某两户人家的宅院规模、地段大致相同，当时都价值人民币 180 万元。

我问王某，如果霍家的宅院准备出售，你最多愿意出多少钱去买？

王某估算了一下，说最多也就给 160 万元。

我又问，如果有人想买你的宅院，比如开发商要占你的地，你最低愿意什么样的补偿？

王某认为，至少要赔给自己不低于 200 万元的现金，还要再补偿两套楼房。

同样的问题问霍某，得到的答案差不多。

· 拥有再失去，比从来没有过更痛苦

赠予效应这个概念，也可以翻译为"禀赋效应"。动物的"禀赋效应"，可能是进化过程中产生的一种自我保存的机制。动物更在乎已经得到，而不是可能得到的。你可曾见过两只狗审慎地交换骨头？一鸟在手，胜于二鸟再林。宁愿凑合一份不满意的工作，也不愿意寻找一份更好的工作。

赠予效应甚至可以解释赖账的心理。借入的时候，可能很开心，但还钱时候的痛苦一定大于这种开心。就好比刘备还荆州、美国还中国钱，总是磨磨叽叽、拖泥带水。

《让子弹飞》这部电影，我很小的时候似乎看过。上网查了一下，没错，我看的版本叫《响马县长》。《让子弹飞》和《响马县长》风格非常不一样，但有个关键情节似有重叠。

《响马县长》把银圆分给老百姓，恶霸黄四郎把银圆又夺了回去。

按理说，这些老实巴交的顺民没有什么损失，日子还可以照样过。

但广大群众的革命情绪已然达到临界，只差星星之火就可以被点燃了。

因为，给他，再夺走。比从来没有给过更痛苦。可见，眷恋物权其实是"损失厌恶"的一个变种。

信条3：落袋为安（二鸟在林，不如一鸟在手）

人类在面对不确定的时候，会产生焦虑感。这种焦虑非常不舒服，会严重干扰我们的理性。而确定感、安全感，则会对我们产生强大的诱惑力。

· 面对确定的获得，人类是风险回避者

先来看一则测试：

A. 你确定能得到10万元奖励。

B. 你有80%可能得到15万元奖励，20%可能一无所获。

你会选A，是吧？

但按照传统经济学的假设，你应该选 B。因为 B 的期望值比 A 的大。

这说明，人们在面临两种收益的时候，大多数人是保守派。人们见好就收，小心翼翼，生怕煮熟的鸭子会飞掉。

用特韦斯基和卡尼曼的专业术语表述，这叫"确定效应"（Certainty Effect）。也就是说，二鸟在林，不如一鸟在手。

· "安全感"的迷途

面对忠实的、可靠的、确定的事物，我们的心里是踏实的、宁静的、幸福的、有安全感的。面对暧昧的、飘忽的、不确定的事物，我们是焦虑的、折磨的、爱恨交织的。

日本作家村上春树好像提出过一个概念：小确幸，即微小而确定的幸福。这很能迎合人类的天性，渴望确定、求稳。

我在网上设计了一个投票的测试，来检验人们对风险的态度。

你在餐厅吃了 300 元的饭，结账时，你要求开发票。这时候，服务员给你建议：如果不要发票，就送你一瓶价值十元的健康饮料。假设你不需要用餐饮发票去抵税什么的。那么，你会选择哪一项呢？

A. 要发票有可能中奖。但你明白，中奖概率很小。

B. 要价值 10 元的健康饮料。

投票测试的结果是大部分的网友选择了 B。

这是不是也证明，人们不喜欢把心悬着，讨厌不确定，害怕风险？

非也！

信条4：困兽犹斗（两害相权赌一把）

假设你投资的某个小生意，经营很不理想。现在就关掉，确定会赔6万元。但你知道，如果你再追加投资2万元，你就有20%的可能绝处逢生，挽回所有损失。你其实面临两个选项：

A. 确定赔6万元。

B. 80%赔8万元，20%不赔钱。

你会选择哪一项呢？调查结果显示，多数人却会选择B。

按照传统经济学的假设，理性的选择应该是"两害相权取其轻"。我们应该趁早认栽，选择A。虽然两者都是损失，但A的期望值还是大于B。

但多数人还是希望和命运对抗一下，两害相权赌一把！

用特韦斯基和卡尼曼的专业术语表述，这叫"反射效应"（Reflection Effect）。

可见，人类对损失的态度则是清晰的、决绝的；对风险的态度是暧昧的、爱恨交织的。人类总是痛恨失去，并不一定怕风险。面对确定的损害，我们的赌徒本质就会暴露。

·玩，就玩大的

当赌徒之血渐渐沸腾，我们会对自己说："玩，就玩大的"。

秦末，900 名民工被征调戍守渔阳。陈胜、吴广都被编进这支队伍，并担任小队长。适逢大雨，队伍临时驻扎在大泽乡。雨越下越大，已经不可能准时到达。误了期限，按秦朝法律要被处死。陈吴商议："赶到渔阳是死、逃跑被抓回也是死，起来造反也是死，反正都是死，倒不如死得轰轰烈烈！"于是，陈吴揭竿而起，吊民伐罪。

·为了小损失，甘冒大风险

当人类面临的选项只有损失时，内心的怪兽就可能醒来。

人们甚至会为了避免很小的损失，而甘愿冒很大的风险。有个年轻人开车撞伤了一位女士。他有两个选择：

A. 下车，拯救伤者，确定赔偿。

B. 逃逸，有可能免于赔偿。也有可能面临更大的惩罚。

这个年轻人在突发事件面前，本能战胜了理性。他为了逃避责任，下车把女士刺死，然后驾车逃逸。案件的结局是年轻人被执行死刑。这是一场社会悲剧，也反映了人的非理性。

·面对确定的损失，人类是风险追寻者

经济学者的研究对象是什么呢？

有个农民种菠萝，到了收获的季节，他的菠萝大丰收。农民邀请朋友到他的果园，让他们随便采摘，分文不取。但这

个现象已经不是经济学家感兴趣的课题。因为菠萝这种"资源"已经不再稀缺。

乔布斯,这个星球上曾经最有钱的人之一,在知道自己患上恶疾的时候,他悲伤、唏嘘、落泪,金钱也无济于事。他面临着重大抉择。这正是经济学者热衷去研究的,因为时间之于乔布斯是一种极稀缺资源。

胰腺癌是最难治疗的癌症之一,大部分人发现这种病后,都没能活过半年,能活过五年的不超过5%。

假设有一位富人,不幸罹患了胰腺癌。医生告诉他,幸亏发现得早。现在就动手术,五年存活概率可以提升到10%,也就是九死一生。

这位富人确信,只要吃一些草药、通过冥思,就有可能痊愈,但成功概率极低。

这位富人面临两个选项。

A. 开膛破肚动手术,九死一生。

B. 素食、草药加神秘疗法,万死一生。

当然,彻底放弃治疗也是一个选项,但一般情况下,人不会完全无所作为。乔布斯很可能曾经面临类似的选择,他选择了赌一把。

淋巴癌被称为"幸运肿瘤",治愈率很高。

有位富人不幸罹患了淋巴癌。医生告诉他,现代医学昌明，这种癌症预后极好，经过几轮的化疗及造血干细胞移植，即可痊愈，治愈率高达90%。但有10%的风险导致治疗不够理想，很快死去。

如果不接受任何治疗，或者只接受一些传统医学的保守治疗，也能活五年以上。

该选择哪个方案？显然，不差钱的情况下，大部分人会选择化疗。

有一位大家熟悉的主持人叫罗京，很可能曾经面临类似的抉择。他在重症监护病房与病魔抗争了10个多月后却去世了，留给世人无尽的惋惜。

有些人骂乔布斯愚昧，但面临绝症，外人无权评论患者的选择。选择保守的治疗，未必不是明智的。尽管乔布斯自己后来也后悔了，经过痛苦的治疗后，存活了8年。

案例里之所以写富人，与"仇富"无关，而是为了排除在抉择时对金钱顾虑的讨论。

《汉书》中有这样的话："有病不治，常得中医。"意思是有了病不去治疗，凭着人体的自愈力，反而能达到等于中等水平医生的疗效。有时候，放弃治疗，也是一种保守的治疗。有时候，"虎狼猛药"也可能是求生的最佳方案。

抉择之道，存乎一心。

信条5：黑即是白（没有比较就没有鉴别）

有个故事挺有趣，说的是摩根财团的创始人——老摩根，从欧洲来到美洲时，最初做的是卖鸡蛋的小生意。老摩根卖鸡蛋时从来不自己动手，总是叫老婆拿给顾客。为什么这样呢？

老摩根认为，自己手大，老婆手小。而大手拿显得鸡蛋小，小手拿显得鸡蛋大。一个将行为经济学运用到极致的人，想不赚钱也难吧。

《相书》上说，手小的女人旺夫。这可能是玄学家的猜想，也可能是来自生活的经验。

·黑白齐物论

心理学家曾经做过一个实验。在一间黑暗的密室里，坐了几十名受试者。讲台放了一张桌子，桌子上铺了一张纯白的桌布，桌布上放了一只灰色的碟子。

这时，聚光灯突然亮了，光柱仅仅打在碟子上。

实验者问被试者，你们看到碟子是什么颜色。台下回答：是白色。

实验者将聚光灯熄灭了。接着，另一盏特殊的聚光灯亮了。这次灯光只射向碟子周围的桌布。

实验者问被试者，你们看到碟子是什么颜色。台下回答：是黑色。

其实，被试者看到都是同一只碟子。

"所谓黑,就是周围有光环的白。"实验者最后总结。

这是不是很有庄子"齐物论"的味道?

贵与贱,得与失,美与丑,左与右,善与恶……都是比较的结果。用句俗话来讲,就是"没有比较就没有鉴别"。

有一种牙膏的商标是"黑人",并不是说黑人的牙齿比其他人种更洁白,这是一种对比的效果。我们看到的出版物上的黑色字体,也是和白色对比的结果。您看到的"黑色",其实不是黑色。所谓的黑色,是纸张留白部分映衬的结果。如果我们用一种微雕技术,把这些油墨印成的字从纸上抠出来,放在阳光下看,会是什么颜色?它很可能是一种深蓝色,也可能是一种藏青色、褐色,甚至如缤纷的彩虹。但绝不会是你现在看到的这么黑。

· 得失相对论

九天之上还有九天,九渊之下还有九渊。

我们快乐和不快乐的根源,都是和别人去攀比。向下攀比是幸福的,向上攀比是痛苦的。

诗人纪伯伦写道:当我哭泣没鞋穿的时候,却发现有人却没脚。

这种主动"向下看齐"的做法,是对抗人生不幸的一种方式。

然而,在这个世界上,找个比你强的或不如你的人,太容易了。所以，只有和同龄、同阶层的人攀比才有意义。

我们是贫穷，还是富裕，是同周围人比较得出的结论。正如一则美国谚语说的：只要你每年比你连襟多赚1 000块，你就是个有钱人了。我把这种现象称为"同侪悖论"。

有两家规模和前景一致的公司，都向你发出了聘任邀请，让你去做他们的主管。

A公司10名主管，年薪都是100万元，而你年薪85万元。

B公司10名主管，年薪都是75万元，而你年薪80万元。

你是希望去A公司呢？还是B公司呢？

同一件事，我们从不同的角度去看，可以说它亏了，也可以说它赚了。

我们对得失的判断，是由参照点所决定。

· 选择恐惧症

心理学上有所谓"选择恐惧症"（也称作选择困难症）的说法。这其实也是一种人类通病。

有的人会在买手机、手提电脑的时候比较来、比较去。甚至一台旧手机用了很久也不换，主要是因为拿不定主意该买哪款新手机。

甚至有的网友自曝，自己在超市决定买哪一把勺子都会踌躇一下午。

2 300多年前，亚里士多德就曾向一条理性的狗发问：

"面对两根同样美味、等质量、等距离的肉骨头,你该怎样做出理性的选择?"

这个问题,传统经济学家刻意回避了。

传统经济学假设的"经济人",仿佛是一台智能机器人,具有无限理性、无限意志力,并且无限自私。

但在真实的世界,绝不存在"经济人"这样的物种,因为它只有一条出路:在美味的肉骨头前饿死。

孟子很洒脱:"鱼,我所欲也,熊掌,亦我所欲也,二者不可得兼,舍鱼而取熊掌者也。"

现在,我们把三样东西摆在孟老夫子面前:鱼、熊掌、极品鱼翅。

鱼,因为没说明到底什么鱼,姑且排除掉。

熊掌很罕见:可以祛风除湿、健脾胃、续筋骨。

极品鱼翅也很罕见:味甘咸性平,可以益气、补虚。

我们请孟老夫子做三选一,孟子会怎么选?

传统经济学的假设之一是,你喜欢鱼胜过鱼翅、喜欢熊掌胜过鱼,那么你就不能喜欢鱼翅胜过熊掌。

但事实证明,人类大脑不堪如此复杂的比较与选择。

"经济人"几乎是不存在的,即使真的存在,也迟早会被自然淘汰。对这则信条,我准备在后面用较大篇幅去谈。

·迷失于"中庸之道"

很多商品,大份与小份之间成本基本无差别。比如电影院卖的爆米花、可乐,大份与小份之间的成本差不过几毛钱,但是其定价相差甚远。但人们在做选择的时候,多会将"中庸之道"奉为信条,而忘记了自己真实的需求。

某快餐店推出一款果汁:大杯(600毫升)10元,中杯(400毫升)7元,小杯(300毫升)5元。

如果不是特别渴,理性之选应是"小杯"。小杯已经可以满足自己的需求。但是,事实上在"大杯"和"小杯"两个参照值的作用下,大部分人认为选择"中杯"是最稳妥的。这就是所谓"中杯效应"。

在一组商品可选项当中,"中庸"的选项最受客人青睐。也就是说:

如果只有甲乙两个选项,甲优于乙,客人当然会选择甲。

但是,如果再多出个选项丙,乙恰好优于丙,而且乙的某些优点又是A所不具备的,乙就会成为最受青睐的选项。其主要的理由就是与丙相比,乙的吸引力显著加强了。

特韦斯基和卡尼曼将这种现象称为"厌恶极端"的心理。他们通过一种实验证明这种现象:

他们要一组参与实验的人,在两种美能达相机之间做选择,一种是售价300美元的A机型,另一种是售价400美元的 B 机型。

结果，选择两种机型的人各占一半。

另一组人则必须在 3 种机型之间做选择，除了上面这两种机型外，加上另一种售价 750 美元的 C 机型。

或许，您会觉得，除了选 C 型的人以外，剩下的人选择另外 A 型和 B 型的仍然各占一半。

结果，出人意料第二组有很多人改选了价格适中的 B 机型，比选择最便宜 A 机型的人多出了一倍。

事实上，在"昂贵"和"廉价"两个参照值的作用下，大部分人认为选择"中等"是最有魅力的。

传统经济学的所做假设之一是：你喜欢葡萄胜过柠果，喜欢柠果胜过香蕉，那么，你就不能喜欢柠果胜过葡萄。

但行为经济学则证实，只要增加一个参照点，就会导致价值评判系统的扭曲。

消费者的心理是完全可以被操控的。人们经常选择"中庸之道"而迷失了自己真实的需求，在双重参照点之间，人们多数会乖乖地选择中间项目。

信条 6：不怕一万（低估大概率事件）

昨夜的梦魇，还潜伏在今天的基因里。

我国女性，生完孩子的产褥期要"坐月子"。不少高人指出：坐月子是"迷信"，人家美国妇女生完孩子就下地乱跑，还喝凉水。

但是，现代大多数国家，都会给产妇放一个很长的产假，有的国家甚至长达52周。这不过是一种更现代，也更漫长的"坐月子"形式。

在远古，女人死于妊娠是很普遍的现象。甚至近代，在卫生条件落后的情况下，生孩子也是高风险的。现代的医疗条件已经比较完善，但全世界的女人对妊娠都有一种本能的恐惧。

我们常常对不可能发生的事情杞人忧天，对很可能发生的事情却"自我催眠"，视而不见。这其实是来自祖先的生存经验。

古猿很少得糖尿病，因为丛林中的食物并不像今天这样过剩。但在现代社会，死于糖尿病的人，要远远高于被雷击死、被水淹死的人。前者比后者的死亡数字，高了将近300倍。但我们对雷电、洪水的恐惧，要远高于对糖和脂肪的恐惧。

· 面对大概率的损失，人类是风险追逐者

"不怕一万"，通常表现为不相信大概率事件会发生在自己身上。

索罗斯曾说过，股市里真正能赚钱的人只有万分之三。他这样说，应该是考虑进了机会成本。反过来理解就是，炒股亏钱是个大概率事件。

再看国内，大部分股民都认同"一赚二平七亏损"的现实，70%的亏损面已经是个大概率事件。

"君子不立于危墙之下"，此时你应该远离股市。"股市有风险"的劝诫犹在耳边，但还是有很多人一边诅咒，一边对股市趋之若鹜。

投资者会想：凭什么亏损的那70%就是我呢？

从漫长的进化史来看，我们只是一群昨夜才走出洞穴，穿上西装、走进股市的"现代裸猿"。

· 权重函数

美国人柯尔特发明左轮手枪之前，恐怕没有想到它会成为一种赌具——"赌命"的工具。

"一战"期间，俄国士兵在战壕里，一边品着伏特加，一边用左轮手枪"赌命"。在一把左轮手枪的弹匣里不装满子弹，随机转动弹匣。参赌者轮流拿这把枪对准自己的太阳穴开枪。幸存者获胜。这就是所谓的"俄罗斯轮盘赌"。

"俄罗斯轮盘赌"是很多电影中出现过的桥段。某部电影里，有这样一个情节。某国一帮房地产商，绑架了国民经济命脉，掏空了这个国家财富。该国有一位经济学家，一直预言房价会降，结果房价总是涨个不停。这位恼羞成怒的经济学成立了一个"激进组织"，打着"替天行道"的旗号绑架房地产商。该"激进组织"有个规矩,凡被绑架的地产商,一律要玩一把"俄罗斯轮盘赌"。不幸中弹的会被曝尸荒野,幸存的会被立即释放。

假设,某天,阴差阳错,你也被该组织绑架了,被迫参与这种"赌命"的游戏。

你一脸无辜状:大师,其实我是个"房奴",我也讨厌地产商啊!

经济学家走过来,打量你半天,说:"好吧,给你个最优惠的玩法。"

经济学家拿过来一把能装6枚子弹的左轮手枪,但只装一枚,并随机转动轮盘。

经济学家说,你可以玩这种有六分之五机会活命的轮盘赌。而且,如果你愿意,也可以打电话给家人要钱,把枪里唯一的一颗子弹赎回来。

你,愿意赎回这颗子弹吗?

愿意出多少钱?

如果枪里装了三枚子弹,你可以买走一枚,你愿意买吗?

此时,你愿意出同样的价钱吗?

按照传统经济学的假设,一个理性的人,当他面临的死亡概率每减少1/6的时候,他的主观感受应该是一成不变的。

事实显然不是这样。

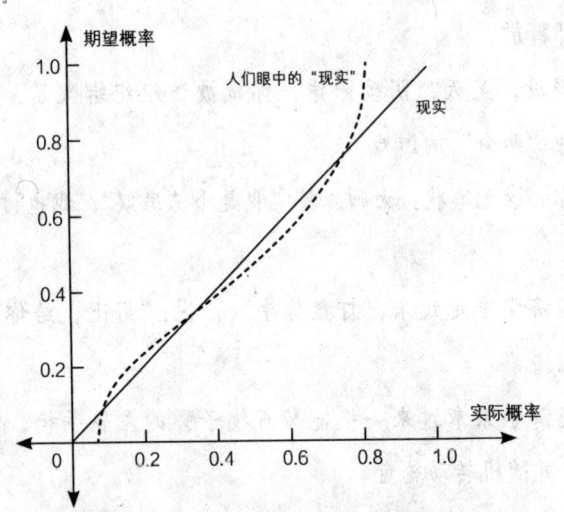

期望概率轴,纵轴刻度 1.0, 0.8, 0.6, 0.4, 0.2；横轴为实际概率,刻度 0, 0.2, 0.4, 0.6, 0.8, 1.0。图中"人们眼中的'现实'"为虚线,"现实"为直线。

■ 这个所谓的"权重函数"π,来自心理学家特韦斯基和卡尼曼的假想。函数 π 具有非线性的特点,即人们对客观概率的感受性是呈"倒S"形非线性的。

> **面对风险时的五种人性**
> 面对小概率的损失,人类是风险厌恶者
> 面对小概率的获得,人类是风险追逐者
> 面对确定的获得,人类是风险回避者
> 面对确定的损失,人类是风险追逐者
> 面对大概率的损失,人类是风险追逐者

信条7：就怕万一（迷恋小概率事件）

一般转轮手枪只能装6枚子弹,但也有的能装8枚,这取决于转轮直径与弹巢的多少。19世纪末,比利时曾生产过一种左轮手枪，可装 20 枚子弹，不过携带很不方便。

你看见过能装 100 枚子弹的左轮手枪吗？

1 000 枚的呢？

10 000 枚的呢？

我也没有。

不过，这不代表这个世界上不存在这样的"邪恶左轮"。

比如，某种传染病，有万分之一的可能被感染，你会因此接种疫苗吗？

乘坐某种交通工具，有万分之一的可能会出意外，你愿意因此买保险吗？

· 面对小概率的损失，人类是风险厌恶者

生命是一场华丽的冒险，我们无时无刻不处于风险之中。

所谓"安全"也只是相对安全，风险只是概率大小的问题。有学者对人的一生中可能遇到的风险做了统计，得出如下结论，供大家参考。

宅在家里受伤：风险系数为 1.25%

死于车祸：风险系数为 2/10 000

死于狂犬病：风险系数为 1/70 000

死于溺水：风险系数为 2/100 000

死于火灾：风险系数为 2/100 000

散步时被汽车撞死：风险系数为 25/1 000 000

死于飞机失事：风险系数为 4/1 000 000

飞机是当今世界上最为安全的交通工具。尽管事故出现率很低，但由于飞机一旦出事，所产生的后果往往是毁灭性的，所以很多人认为飞机是很危险的交通工具。

一份研究显示，美国约 2 500 万人患有不同程度的"飞行恐惧症"，有的只是轻微的紧张，有的则是极度恐惧，甚至想尽办法不坐飞机。这 2 500 万人当中约有一半人害怕飞机从天上掉下来，另一半人患有"幽闭恐惧症"——在机舱里会感到极度焦虑。即使有的人有过安全飞行的经历，这种恐惧感依然无法消除，人们会对自己的恐惧心理变得非常"迷信"。

荷兰著名球星博格坎普就因为侥幸错过某次航班，而躲过了机毁人亡的命运。博格坎普从此对飞机产生了恐惧心理，无论去哪里比赛，他都会乘别的交通工具前往，如果是一定乘飞机前往，他宁愿放弃比赛。

事实上，乘飞机甚至比走路还要安全。你不大会因为要出门散步而买保险，却一定会为乘飞机而买保险。每次飞机失事，都是全球性的新闻，让许多原本理性的人对飞行产生了恐惧。

· 面对小概率的获得，人类是风险追逐者

请注意，所谓的"怕万一"，并不特指害怕，还有疯魔、迷恋的意味。我们不仅夸大小概率的损失，也会夸大小概率的获得。

比如，兔子撞在树桩上是个小概率事件，但遇到这种好事的人，总觉得还会接连发生这种幸运。报纸上刊登了某地爆出"邪彩"，很多从不买彩票的人就开始蠢蠢欲动。

当然，"万一"也不特指万分之一，也可能是百万分之一、千万分之一。

在史前丛林中，"老祖宗"积累了一种吊诡的生存智慧：通过藐视风险，战胜恐惧，从而获得生存机会。

但过去成功的经验，也可能导致今天的失败。

人可以因骄傲而生，也会因狂妄而死。

人可以因"随大流"而存活，也可能因为盲从而被绝杀。

这，就是幸存者的悖论。

· 买保险是赌自己会倒霉吗

我曾口无遮拦地说："买保险是赌自己会倒霉，买彩票是赌自己会走运。"

一些保险界的读者朋友为此向我抗议。但是，谁都无法否认，遭遇不测这种事情很少发生，但人们还是很热衷买保险。

行为经济学家在研究人们的表现行为时发现，人们买保险的时候，高估了倒霉发生的可能性。他们称为"对可能发生的小损失投保的偏好"。

人类对概率更加没概念，是十足的"概率盲"。

对很多人来讲，万分之一的概率与百万分之一的概率几乎是一样的——不就差两个零嘛！

很多人喜欢买彩票，甚至欺骗家人，四处举债来买彩票。就是高估了小概率事件。

人类喜欢高估小概率事件，而这是赌场、保险公司、彩票公司能够生存的心理土壤。

七种信条与心智拼图

2002年度的诺贝尔经济学奖，授予了丹尼尔·卡尼曼。其实还有一人，更有资格享受此奖，他就是卡尼曼的搭档阿莫斯·特韦斯基。两人共同创立了"前景理论"。可惜的是，特韦斯基罹患了转移性黑色素瘤，在1996年离世，享年59岁，与大奖有缘无分。

需要注意的是，卡尼曼和特韦斯基都是身在美国的犹太人，在巴以战争期间都回到了祖国以色列，成为空降兵。特韦斯基曾经不顾生死拯救战友，并因此获得了英雄勋章。特韦斯基认为，经过生死考验的人，会更注重理论与现实的结合。

更需要强调的是，卡尼曼和特韦斯基都是心理学家，而不是经济学家。心理学在西方学界并不很受重视，只是一种"软科学"。

特韦斯基是个天才，他自学了高等数学。通过两幅简洁的函数图像，概括了人类的大部分行为偏差。这让那些只推崇数学论证的经济学大佬们心服口服。

特韦斯基和卡尼曼也是"标题党"，他们把自己的理论称为"前景理论"（Prospect Theory）。

"前景理论"这个概念，连美国人也觉得迷惑。有一位在华尔街工作几十年的财经作家曾问过卡尼曼："为什么要称你们的理论为'前景理论'？"

卡尼曼坦言："其实并没有什么深奥含义，只是图个响亮，让更多人记住。"

国内也有学者将 Prospect Theory 译为"预期理论"，甚至"视野理论"，都是试图从含义上去翻译，算不上错误，但未能领略卡尼曼之意图——一定要译得响亮！

笔者不才，也做一回"标题党"，根据特韦斯基的两幅函数图像称为"心智拼图"。"心智拼图"是行为经济学的内核。

笔者在本章做了一些逆向操作，将这"心智拼图"拆分为七种信条（迷思）。这样做只为便于读者朋友理解、记忆。

信条	释义	原理	表现
一毛不拔	损失反应过敏症	损失厌恶	多数人对损失比对收益更为敏感
眷恋物权	所有权眷恋症	损失厌恶	赠予效应、敝帚自珍
落袋为安	二鸟在林，不如一鸟在手	确定效应	在确定的好处（收益）和"赌一把"之间做一个抉择，多数人会选择确定的好处
困兽犹斗	两害相权"赌一把"	反射效应	在确定的坏处（损失）和"赌一把"之间做一个抉择，多数人会选择"赌一把"
黑即是白	没有比较就没有鉴别	参照依赖	多数人对得失的判断往往由参照点决定
不怕一万	低估大概率事件	低估大概率事件	面对大概率的损失，人类是风险追逐者
就怕万一	迷恋小概率事件	高估小概率事件	面对小概率的获得，人类是风险追逐者；面对小概率的损失人类是风险厌恶者

第 2 章 天地不仁

——赌博不是心理问题,而是生理问题

天地之大德曰生。

——《周易·系辞传》

天地不仁,以万物为刍狗;圣人不仁,以百姓为刍狗。

——《道德经》

从最原始的细菌,进化成各种生命形态,历经了大约 35 亿年。

其间,地球至少经历了 5 次生物大灭绝。这种冒险经历,让"存活与繁衍"成为生物的终极目标,唯有如此才能维系进化链条的完整性。

大自然的赌局

理想状态下,任何物种的繁殖,都有呈几何级倍增的

趋势。

但是，只需很短的时间，它们的后代就会开枝散叶，遍布每个角落。地球将不堪重负。

假设大象的寿命是100岁，雌象一生产仔6头。只需750年，一对大象的后代就可达到19 000 000头。可是，几万年来，地球上大象的数目从未达到这么多。

大自然很难做到"厚德载物"，它更像是一家博彩公司的老板，通过各种"赌局"和"抽奖游戏"，只接纳少数的幸运儿。

过度繁衍，使得和平共处成为幻想，动物们要参与大自然的"赌局"。这就是自然选择。大自然就这样实现了"计划生育"。

在猴群中，强壮的猴王可以妻妾成群，瘦弱的公猴可能连一个异性伴侣都难找到。

假设一只瘦公猴和一只壮公猴，同时喜欢上了一只漂亮的雌性猴子。壮公猴向瘦公猴展示肌肉，想吓退情敌。瘦公猴面临三种可能的结局：

第一种，乖乖退却。这样很理性，保全了性命。但从进化的角度看，他已经死了。失去交配权的他已经"绝了后"。

第二种，冒险和壮公猴决斗。战胜对方的可能性只有30%，尽管自己拼了所有力气，还是被壮公猴击败，并遭到羞辱。

第三种，冒险和壮公猴决斗。自己战胜壮公猴的可能性只有30%，自我催眠，提振信心，把自己想象成一只强大的猴子。好运临门，瘦公猴居然战胜了壮公猴。这时，"赌场女老板"突然降临，笑吟吟地说："哟，开始'上道儿'了，恭喜你获得了与雌猴的交配权，愿你在以后的日子里子孙满堂。"

在自然选择面前，理性绝不是优先的考量。理性有时甚至是进化的障碍。

在儒家道德体系里，孝是第一道德。所谓"万善德为首，百行孝当先"。但孟子曾这样告诫未婚的大龄青年："不孝的事情有三种，以没有子嗣为最大！"

如果生命都灭绝了，还奢谈什么理性、意义？一切都是苍白的浮云。

冒险家与幸运儿的后裔

生存斗争，还包括来自种群外部的挑战。

一群古猿被困在山洞里，外面大雪封山、有猛兽出没。

躲在洞里不出去会被饿死。出去寻找到食物，很可能会被猛兽吃掉，或被冻成雪猿。但是，也只有冒险走出洞穴，才有存活的机会。

那些不愿意冒险的古猿，都饿死了。乐于冒险的，一部分被大自然吞噬掉，另一部分在冒险中侥幸存活了下来。

现代的人类，是已经被大自然驯化过的物种。

我们的远祖，被迫参与大自然设定的各种"赌局"。历史上那些没有参与"赌博"的，要么挂掉了，要么"绝户"了。

按照进化论的观点，人类是自然选择的产物，是大自然赋予了人类冒险的天性。

按理说，大自然应该偏爱理性的物种。吊诡的是，理性的、自知之明的、回避风险的人，大多已经绝种。大胆的、乐观的、喜欢冒险的人，反倒基因广布、开枝散叶。

我们是那些敢于离开洞穴的冒险家的后裔，是那些爱下"赌注"的幸运儿的玄玄玄孙。

为"赌"痴狂

在漫长的进化过程中，如果冒险是明智的，动物和人类就会爱上冒险。

所以，爱"赌博"，是我们的天性。

正如伯恩斯坦在《与天为敌》里说的："人类对'赌博'着迷，因为它让我们跟命运当面抗衡，我们投身这种令人胆寒的战斗，只因自以为有个强大有力的盟友：运气站在我们这边，胜算握在我们手中。"

"赌博"的本质，不过是在拿纸牌"算命"，向"牌神"

邀宠。

嗜好"赌博"并不是男人的专利,女人也不遑多让。受社会习俗影响,参与"赌博"行为的男人比女人更多。但是,一份调查报告显示,去治疗"赌瘾"的"女赌棍"和"男赌棍"大致一样多。也就是说,嗜赌不分男女。

有些人的大脑结构,比常人更能感受冒险带来的快感,正如有些人特别嗜辣一样,他们比常人更加痴迷冒险、探险或"赌博"。

伟大的俄国作家陀思妥耶夫斯基,曾经也是位资深"赌棍"。他在1866年写的小说《赌徒》,堪称一幅自画像。

他的妻子在回忆录中说,新婚的陀思妥耶夫斯基不能自制,还没有从"赌博"的激动状态中定下心来,就拿了二十枚金币去下注,结果输掉了。他回家又取了二十枚,再次输掉。

这样,在两三个小时内,他每小时要回家几次来取钱,到最后,把所有钱输得精光。又得抵押东西了,但是他们贵重的物品不多,很快全部告罄,债台高筑。

陀思妥耶夫斯基"赌瘾"发作起来,毫不逊色于任何"瘾君子",连小舅子送他的搬家费——100卢布,他都偷偷用于"赌博"了。

陀思妥耶夫斯基一度自以为已经参透了"赌博"的规律,很快就能翻本。陀思妥耶夫斯基去向另一位作家冈察洛夫借钱，酒店门童不让他进去，他就偷偷溜进去，在楼梯口碰见了冈察洛夫。

■ 陀思妥耶夫斯基，俄国大文豪，同时也是一位幻想自己必胜，表现却坚决失败的"赌徒"。

冈察洛夫对这位落魄同行很是鄙视，他掏出一枚金币，扔给陀思妥耶夫斯基。接了金币的陀思妥耶夫斯基转身就走，去赌场实践他的理论。事实证明，他的"赌博"理论只是一种空想。

从茹毛饮血，到阁下现在能读这本书，人类的进化史就是一个奇迹。

这中间经历了太多凶险，但我们都幸运地走过来了。

我们这些幸存者的基因，会形成一种迷思：幸运是站在我们这边的，命运操之在我。

我们像是被惯坏的小孩儿，在面临风险的时候，总喜欢向命运撒娇，邀天之宠，夸大胜算。

赌性与基因

科学家发现，人类有将近100种基因与赌性相关。有研究发现，拥有MAOA-L基因（俗称"斗士基因"）的人，拥有更精确的直觉，更善于在高风险的情况中取胜，他们善于捕捉有利机会，放手一搏。

另一项研究发现，大脑的杏仁核也与"赌博"心理相关。杏仁核位于大脑颞叶前部，呈杏仁状，与大脑处理和记忆恐惧等情绪有关。

研究对象是14名志愿者，其中两名女性志愿者的脑部杏仁核因病受损，但其他区域正常。

另外12名志愿者脑部完全正常，分为两组与这两名女子分别对照。

面对一系列"赌博"测试，杏仁核受损女性与作为对照组的普通人反应迥异。

当可能赢的钱数额达到可能输的钱1.5倍至2倍时，普通人才愿意赌。当输赢概率各占50%时，普通人最容易接受要么输5美元、要么赢20美元的赌局；最倾向于拒绝要么输20

美元、要么赢 20 美元的赌局。

而两名杏仁核受损女性显然比对照组更不担心输钱。哪怕可能赢的钱少于可能输的钱，她们也愿意下注。

显然，正常人通常是害怕"损失"，具有"损失厌恶"倾向。这项研究清楚显示，当一个人的大脑杏仁核受损时，这种"损失厌恶"会消失。

人类只是蹩脚的"赌徒"

我们来自偶然，生于侥幸。

凭着热血、冲动与狂妄，我们从蛮荒中突围，进入现代文明。

我们因赌而生，为赌痴狂。但我们很难理解现代社会的风险性。事实证明，人类不过是宇宙大赌场中的蹩脚"赌客"。

尽管我们爱赌，赌技却非常不堪，甚至远逊于低等动物。下面是动物行为学家在 1984 年做的一个实验。

在一个实验室里，研究人员为绒斑啄木鸟准备了两种人造树木，每一种上面都有 24 个洞。其中一种树干中全是空的，而在另一些树的树干中，24 个洞里有 6 个里面有绒斑啄木鸟喜欢吃的虫子。

如果在一棵树的洞里总是找不到虫子的话，绒斑啄木鸟就要换地方了。但是，要是离开太早，它就会因前几次的不走运而错失一顿美餐；走得太晚，它又会失去别的机遇。

要经过多少空洞，绒斑啄木鸟才会离开一棵树，换到另一棵树上去找虫子呢？

用高等数学，通过一番复杂的计算，我们可以算出：啄木鸟应该连续6次遇到空洞，就离开这棵树。

实验观察的结果是：啄木鸟在做出正确的取食决策之前，平均需要啄6.3个洞。

当实验者对树木、树洞的数目做出调整后，啄木鸟也会相应地改变决策，啄木鸟的计算近乎完美。

正如我们人类，继承了史前时代的生存智慧，啄木鸟的这种能力，其实是从其祖先那里继承过来的。在漫长的演化过程中，它们已经形成了一种有别于我们人类的"心智拼图"。

第 3 章 诸行无常
——"平均斯坦"与"极端斯坦"

天之道,损有余而补不足。人之道则不然,损不足以奉有余。
——《道德经》

上帝洞悉未来之事,常人看到眼前之事,智者看到即将发生之事。
——斐洛斯特拉图斯

大自然似乎厌恶极端,偏爱"中庸"。

它的调节手段之一,就是所谓的"均值回归"。

比如,非常高的父亲,其儿子往往要比父亲矮一些;而非常矮的父亲,其儿子往往要比父亲高一些。冥冥中似乎有种神秘的力量,使得人类的身高从高矮两极移向所有人的平均值。否则,用不了多少代,人类种族就将由特别高和特别矮的两极构成。

再如，世界上平庸的人最多，天才和智障者都很稀少。这在统计学中，就表现为所谓的"正态分布"。

然而，如果我们用更开放的视野去看，就会发现在大自然和人类灵魂中，存在一股很罕见，却更强大的主导性力量。

古波斯语中，词缀 -stan 意为"某物或人聚集之处"，本章借用《黑天鹅》中的概念，将我们的研究对象大致划分为"平均斯坦"和"极端斯坦"。

长得丑就没资格生女儿吗

有一位中小企业主，向某位"亚洲顶尖智慧大师"请教："大师，我什么时候能有女儿？"

"你不能生女儿。就你这个样子，生的女儿会漂亮吗？长大会幸福吗？"大师一脸严肃地说，"我没有开玩笑。"

这位大师说得对吗？

"丑男"和"丑女"结合，就会生个更丑的小孩吗？帅哥美女的后代，会是更帅的帅哥、更美的美女吗？

如果真是这样，不出一百年，这世界上只有两种人：丑人和美人，没有相貌普通的人。

不要抬杠说审美是主观的东西，其实审美观是有一套很客观的标准的，我们和山顶洞人的审美观并无区别。男性之所以会喜欢外表有魅力且年轻的女性，是为了留下健康、优秀的后代。女性温柔、开朗的性格，表示容易接近。光洁的皮肤，亮泽的头发，亦作如是观。在女性看来，大鼻子、宽肩、窄臀、长腿的男人更性感，都是具有生殖能力的标志。男人的幽默感，代表着智力和谋生能力上的优越感。

事实上，遗传的规律是朝着某个平均数回归。自然界"歪竹子生直笋""直竹子生歪笋"的事情不胜枚举。

比如，"谐星"曾志伟，生个女儿的话应该很难看吧。可是曾宝仪是曾志伟的亲生女儿，长得还挺漂亮。

极端丑陋和极端俊美者的后代，更会趋于普通。所以，在这个世界上，长相丑陋的人与长相俊美的人都是少数，大部分是相貌一般的人。

相貌这东西，属于"平均斯坦"。

天之道，截长补短

最早对"均值回归"现象进行系统研究的是达尔文的表弟高尔顿爵士。

高尔顿是一位出了名的"统计狂人"。1875年，高尔顿用一种豌豆种子做实验。他把这些种子还分给自己在各地的亲朋好友，一起帮他做实验。经过大量、艰辛的实验，最后，高尔顿得出如下统计结果：

母豆荚和子豆荚的直径							单位：0.01英寸
母豌豆	15	16	17	18	19	20	21
子豌豆的直径	15.4	15.7	16.0	16.3	16.6	17.0	17.3

显然，母豌豆直径的变化范围比子豌豆直径的变化范围要大很多。母豌豆的平均直径为 0.18 英寸，其变化范围是 0.15~0.21 英寸，或者说是在平均值两侧各 0.03 英寸之内。子豌豆的平均直径为 0.163 英寸，其变化范围是 0.154~0.173 英寸，或者说是仅在平均值两边各 0.01 英寸范围内变动。

也就是说，子豌豆直径的分布比母豌豆直径的分布更加趋于"平庸"。这种回归是生物进化过程中的一种必要调节机制。如果这种回归机制不存在的话，那么，大的豌豆会繁殖出更大的豌豆，小的豌豆会繁殖出更小的豌豆……这样，不出几代，这个自然界就会两极分化，只有"蚂蚁"和"大象"，最终达到我们无法想象的极端。

据此，高尔顿提出了一个普遍原理，他称之为"向平均回归"现象，也就是我们现在所知的"均值回归"原理。

身高大预测

身高也属于"平均斯坦"。

你可曾见过身高数丈的巨人，抑或只有几厘米高的侏儒？就算你真的见过，也一定啧啧称奇，是吧？

人类在进化过程中，已经形成了一种自我调节机制，既不会高得离谱，也不会矮得无法生存。

高个子父亲的儿子身高一般高于平均水平，但不会像他父亲那样高。这意味着用于预测儿子身高的回归方程需要在父亲的身高上乘以一个小于 1 的因子。

有资料显示，前中国男篮中锋穆铁柱身高 228 cm，妻子 170 cm，他们的儿子身高 180 cm，女儿 173 cm。

篮球运动员林书豪的父亲林继明和母亲吴信信都是只有 167 cm，而林书豪的身高却达到了 191 cm。

实际上，高尔顿估计出父亲每高于平均值 1 英寸，儿子的预测身高就能高出 2/3 英寸。

高尔顿总结的预测子女身高公式如下：

儿子成年身高 =（父亲身高 + 母亲身高）× 1.08/2

女儿成年身高 =（父亲身高 × 0.923 + 母亲身高）/2

根据这个公式，姚明身高 226 cm，叶莉身高 190 cm，算出姚明的儿子身高 225 cm；姚明的女儿身高 199 cm。

身高属于"平均斯坦"，可以预测，但这种预测的准确度也只是一个较大的概率。

最大可能是，姚明的儿子比父亲矮。当然也不排除孩子因为各种原因超过姚明的可能性，比如姚明的身高就远超其父亲。姚明父亲姚志源身高 208 cm，母亲方凤娣身高 188 cm，而姚明的身高达到了 226 cm。

王侯将相，宁有种乎

才智属于"平均斯坦"。

高尔顿发现"均值回归"的主要动力，是要弄明白在某些家族为什么这么了不起，为什么人才辈出。这也符合世人的直觉，也就是"龙生龙凤生凤，老鼠生儿会打洞"。

高尔顿最初的直觉是"天赋世袭"，才华是被代代相传的。比如，和自己有家世渊源的达尔文家族，就诞生了不少杰出人物。此外，贝努利家族也出了不少数学天才。

在做完豌豆实验后，高尔顿又在伦敦成立了生物统计实验室，开始对人群等目标进行统计。

高尔顿还搜集了大量的名人和平民家族的世系资料，进行客观地调研。

高尔顿特别希望能在他所认为的有着极高才华的家庭中确认出"极度高贵特质"。但最后的发现，让他略感失落。

高尔顿发现，杰出的父母却少有杰出的后代。在杰出人物的儿子中，仅有 36% 的人仍旧是杰出的。更糟糕的是，在其孙子辈中，只有区区 9% 的人还能称得上杰出。

在高尔顿的统计中，父母和孩子智商之间的关系，也呈现出"均值回归"。聪明父母的孩子比 IQ 一般的父母的孩子聪明，但没有他们的父母那么聪明。

高尔顿的发现，与他最初的"才智世袭"的假设相去甚远。其实，高尔顿的统计取样是有瑕疵的。比如，老子和儿子都是大法官，很可能是因为"裙带关系"，而不是智商的关系。这也就是说，天赋或许可以遗传，但概率并不大。

"下等人"的后代不一定素质低，"上等人"的后代素质未必高。公卿的后裔，很可能泯然于众人，所谓"播下的是龙种，收获的是跳蚤"。白屋之家，也可能"麻雀窝里出凤凰"，正所谓"英雄不问出处"。

事实上，生儿育女这件事，人算不如天算。这世界绝大部分的优生理论，和"种族主义"一样都是荒谬的。生个小孩，是贤或不肖，具有很强的随机性。

精三分，憨三分，留下三分给子孙

谚云："精三分，憨三分，留下三分给子孙。"

假如一对夫妻都很精明强干，可是生了个儿子是个"败家子"，或者是个智障者。老百姓就会说他们俩太精了，把后代的精明都夺走了。

秦始皇不可不谓精明强悍，甚至连万世之后的规划都做好了，但他的儿子扶苏和胡亥却被赵高玩弄于股掌之上。

刘邦，一代人杰。刘邦的妻子吕雉精明阴毒，生了个儿子刘盈却孱弱不堪。

又过了很多代，老刘家又出了个刘备，一代枭雄。但刘备的儿子阿斗却懦弱无能。

但是，用"均值回归"的角度来讲，智商如果真的能遗传，并不是你想留就能留的。

所谓"憨三分"只能是积德行善，广结善缘，多留些"祖荫"给子孙。

这样，就算子孙不肖，也能因祖辈广施恩泽而获益。就算"君子之泽，五世而斩"，那时候，家族中又能出现能力强的人丁。

"玄学"中的"均值回归"

南怀瑾在谈"风水"的时候说："风水这东西有时也真邪！你说不信吗，有时候还真灵。"

接着，他讲了一个典故。孔子死后，三千弟子一起开会商议如何来安葬他们的老师。葬礼是由子贡来主持的。当时，孔子的弟子们认为长平这个地方不错（就是后来葬汉高祖那块地）。

子贡看了说："这块地不行，因为这块地只能葬皇帝，不能葬夫子；我们夫子比皇帝伟大！"

所以子贡选了山东曲阜城北的泗水之滨。但是子贡又讲了：这块地固然不错，只是这条水有问题。若干年后，下一代女家差一点儿，再下一代又好一点儿，再下一代又差一点儿……

尽管如此，由于过去重男轻女，女家好坏无关大局。所以，虽然有这一点儿缺陷，这也不失为一块千秋万世的好地，于是孔子便葬在这里。

南怀瑾所说的孔家女系盛衰的说法是否属实，笔者并没有做考证。但如果从人的自然属性评判，比如身高、寿命、体能等方面考量，这种说法是靠谱的。

比如，根据文献资料，孔家男丁的寿命就呈现出"这代好一点儿，下代差一点儿，再下代又好一点儿……"的规律。

天才乃不祥之物吗

高尔顿发现，一个人的杰出难以长久持续，也就是说，杰出的生命宛如流星，极为短暂。

高尔顿本人也是一位天才。美国心理学家特尔曼曾根据有关文献的记载，用他自己设计的斯坦福－比纳标准对幼年的高尔顿的智力进行估算，他认为高尔顿 3~8 岁的智力年龄几乎等于实际年龄的 2 倍，其智商约为 200。

没想到命运继续和他恶作剧，让他没能生下一男半女，和两个兄弟一个妹妹一样不能生育，"老高家"基本上"绝户"了。

如果大自然偏爱平庸,那么天才未必就是上天的祝福。

天才最常见的悲剧有两种:一种是癫狂,另一种是英年早逝。

比如画家凡·高,数学家约翰·纳什,都有严重的精神疾病。哲学家黑格尔、音乐家莫扎特、小说家大仲马也都有轻度的精神疾病。英国《自然》杂志发表了加拿大科学家的最新研究成果:有音乐、数学天分的人,可能与其基因的排列失常有关。而同样的基因失序,也可能是精神分裂等精神疾病的根本原因。

梁启超曾言:英雄乃不祥之物。难道天才也是不祥之物吗?

当然不是,天才命运沉浮只是个概率问题而已。庸人同样会面临好运和厄运。

在命运面前,天才和庸众一样,并不会有谁特别受到眷顾。就像庄子在《齐物论》里说的那样,天造之才,皆有其用。不必为平庸而哀伤,也不必为卓越而自喜。

怎样预测"下一次"的表现

体能、技能属于"平均斯坦"。

假设某天,你和朋友去打保龄球。这一次,你超水平发挥,以前从未得过这么多分,打得非常出色。

那么，不管朋友对你的表现是喝彩鼓掌，还是冷嘲热讽，你下次都很难继续保持这么好的表现，因为你已经"超水平发挥"，下一次更趋向表现平平。

也就是说，你下一次的表现，很可能是回归你的日常平均水平。

20世纪60年代，特韦斯基和卡尼曼回祖国以色列服兵役。

特韦斯基曾向飞行教官建议说，正面的表扬能提升飞行员的成绩。然而，这种教学观点却遭到了一些资深教官的质疑。

一位教官根据自身的经历说："很多时候，当我夸奖飞行学员漂亮地完成了一些特技飞行动作后，当他们再次尝试时，他们却完成得非常糟糕。如果我臭骂那些表现差的学员，一般来说，下一次他们反而表现得很好。所以，请不要再讲什么表扬有用而惩罚没用的大道理，因为实际情况恰恰相反。"

事实上，这些教官们还制定了一种特别的培训制度：无论飞行员表现如何，教官都必须训斥他们。

卡尼曼也遇到过类似的问题，他曾帮助以色列军队选拔新兵中的领导者。在选拔过程中，年轻的士兵被分成许多小组，然后他们被要求抬着一根电线杆通过障碍训练场。

评委们观察士兵的表现，并将目光聚集在各个小组中最有可能成为"领导者"的士兵身上。

不幸的是,这些测试几乎没有任何参考价值。因为通过这些测试选出的"领导者",在他们的军事生涯中并没有显示出明显优于其追随者的领导才能。也就是说,那些在选拔中成绩好的士兵,只是恰好发挥得比较好而已。

然而,以色列军方依然继续执行这套测评方案,他们坚持认为这种测评是具有预测价值的。

显然,以色列军方忽略了"均值回归"的问题。

正态分布与钟形曲线

正态分布也叫常态分布。仍以打保龄球为例,把你今年正常状态的得分画成一张图。你会得到一根两端低中间高,形似古钟的曲线。

正态分布是连续随机变量概率分布的一种,自然界中大量现象是按正态形式分布的。

一棵树上的果子有大有小,但大部分是中等的。

河里的石子有圆有扁,但多数属于不太圆也不太扁的。

巨人很少见,侏儒也很稀少,多数人是身高中等的普通人。

只要样本足够多,那么这个样本群体的情况就会呈现一种规律性。

把观察对象制成一张统计图,就能得到一根两端低中间高的对称曲线，也就是所谓的"钟形曲线"（也叫作正态曲线）。

最早对正态分布进行研究的是数学家棣莫佛，数学家拉普拉斯对此亦有贡献。

高斯对正态分布的研究工作对后世的影响最大，他使正态分布同时有了"高斯分布"的名称。高斯是一个天才的数学家，有很多重要的贡献。

德国10马克的钞票上，印有高斯的头像，其上还印有正态分布的钟形曲线。这其实是在说：在高斯的所有伟大贡献中，影响最大者，就是正态分布。

人之道，截短补长

社会学家所说的"马太效应"（Matthew Effect），出自《新约》圣经所说的"凡有的，还要加给他，叫他有余"。"马太效应"，是指好的越好、坏的越坏，多的越多、少的越少的一种现象。

成书于1世纪的《马太福音》，记载了耶稣基督的这个譬喻。

天国又好比一个主人要往外国去，就叫了仆人来，把他的家业交给他们。

按照各人的才干，给他们银子。一个给了五千，一个给了两千，一个给了一千。随后，主人就往外国去了。

那领五千的，随即拿去做买卖，另外赚了五千。

那领两千的，也照样另赚了两千。

但那领一千的，却掘开土地，把主人的银子埋藏了。

过了许久，主人回来了，和他们算账。

那领五千银子的，又带着那另外的五千来，说："主啊，你交给我五千银子，请看，我又赚了五千。"

主人说："好，你这又良善又忠心的仆人。你在不多的事上有忠心，我把许多事派你管理。可以进来享受你主人的快乐。"

那领两千的也来说："主啊，你交给我两千银子，请看，我又赚了两千。"

主人说："好，你这又良善又忠心的仆人。你在不多的事上有忠心，我把许多事派你管理。可以进来享受你主人的快乐。"

那领一千的，也来说："主啊，我知道你是忍心的人，没有种的地方要收割，没有散的地方要聚敛。我就害怕，于是把你的一千银子埋藏在地里。请看，你的原银在这里。"

主人回答说："你这又恶又懒的仆人，你既知道我没有种的地方要收割，没有散的地方要聚敛。就当把我的银子放给兑换银钱的人，到我来的时候，可以连本带利收回。"

夺过他这一千来，给了那有一万的。

因为凡有的，还要加给他，叫他有余。没有的，连他所有的，也要夺过来。

其实，这个故事本身，是讲"天国"的奥秘的，与社会法则没有关系。但《圣经》作为一部家喻户晓的经典，这个典故来指代"劫贫济富"的现象，可谓恰到好处。

20世纪60年代，著名社会学家罗伯特·莫顿首次将这种现象归纳为"马太效应"。"马太效应"是一种文艺范儿的说法，它有个很学术的名字，叫"累积优势"。

幂律分布

"马太效应"属于"幂律"（Power Law）的一种表现形式。

老百姓说的一些话，已经体现了"幂律"分布的思想。比如：百里挑一、千里挑一、万里挑一；百年一遇、千年一遇、万年一遇……

如果有十个"百里挑一"的才俊（或美女），就会出现一个"千里挑一"的才俊（或美女）。

如果有十个"千里挑一"的才俊（或美女），就会出现一个"万里挑一"的才俊（或美女）。

以此类推……

诸如爱因斯坦那样的天才，不是凭空冒出来的，是当时的欧洲已经有至少上百个和爱因斯坦不相伯仲的杰出"头脑"，人们才将目光聚焦于爱因斯坦。

财富的分配与兼并是典型的"幂律"。

假设100个"万元户"里会产生一个百万富翁。

假设100个百万富翁里会产生一个亿万富翁。

以此类推……

假设某个地区已经出现了100个身价百亿的富翁，那么注定将会产生一位身价上千亿的富翁。

洪水、地震的规模，和它们出现的频率，也体现了一种"幂律分布"。你说这洪水百年一遇，其实已经暗含了它规模很大。这和正态分布的事物明显不同。正态分布事物，每年遇到的基本都是一样的。

极端的世态

关于幂律现象的最古老论述，很可能出自距今约2 500年的《道德经》。书中说："天之道，损有余而补不足，人之道则不然，损不足以奉有余。"

"天之道"，泛指自然界"截长补短"的现象，近似现代人说的"正态分布"。

"人之道"，是指社会竞争"截短补长"的现象，近似现代人说的"幂律分布"。

"幂律"涵盖了很多子定律。最常见的是"二八法则"。

根据资料介绍，这一法则是有其数学来源的。其来源说法是:"假设一个正方形的面积是100,那么它的内切圆的面积则是78.5,剩下的面积即21.5。以整数计算表达,便是22∶78。"再如,空气中氮气和氧气的比例,人体中水和其他物质的比例也大体如此。

这世界如果真的有什么"永恒法则"的话,"幂律"必是其一。

19世末,有一位叫维弗雷多·帕累托(Vilfredo Pareto)的意大利经济学家发现,财富分配也是不均的。他指出:英格兰财富的80%,掌握在了20%的人口手里。

许多其他国家和地方也是如此。帕累托由此得出一个结论:财富分配和人口结构之间,存在着一种可以估算的比率。帕累托称之为"关键少数定律",也就是现在所谓的"二八法则"。

有人将这一法则延伸,80%的工作由20%的人完成;或者80%的工作只产生20%的结果,反之亦然。

事实上,"二八法则"只是大致的说法,它并不是精准的比率。

如果你承认"二八法则"成立,我们把"二八法则"稍做推演,就可以得出更为骇人的结果。

在"二八法则"的那20%当中也存在不平均,即大部分绩效是由少数人创造的。推演的最终结果是,大约1%的人完成了50%左右的工作。这就变成为了90/10法则。

所以，在管理学家彼得·德鲁克看来，这个法则叫作"90/10法则"更为靠谱。

事实上，很多企业的商品，90%是"陪衬品"，它们只是药引子。有人曾经做过统计，NIKE的运动鞋，90%以上的款式是"陪衬品"，真正畅销的款式不到10%，却构成了NIKE产品90%以上的利润来源。这就不难理解，企业会对某款产品重点推介，不惜重金投放广告，对有的产品，则任其自生自灭。

《穷爸爸，富爸爸》的作者罗伯特·清崎也认为，在金钱游戏中，"90/10法则"更接近真实——10%的玩家赢得了90%的钱。以高尔夫球赛为例，所有的职业选手中，有10%的选手赢走了90%的奖金，其他90%的选手再分剩下的10%奖金。

美国"东部赌王"甚至表示："'90/10法则'或许还会演变成'95/05法则'，甚至'99/01法则'——1%的人拥有全国99%的资产。"

比如在出版界，则可能是98/2，也就是98%的图书销量来自2%的作者。在非虚构类作品中，这个现象尤其突出，常常会有这样的现象，在8 000种图书中，20个品种会占据销售额的"半壁江山"。

它使得世界看上去更加不公平,但这是现实世界的法则。

齐普夫定律

从经济学的角度看,人们在做任何事情时,总是希望以最小的代价获得最大的收益。生产消费如此,创作、交流也是如此。

所以,人们在写文章、说话时总是有意无意地使用常用的词语。这其实就是"努力最小原则"。

1932年,哈佛大学的语言学专家齐普夫在研究英文单词出现的频率时发现:如果把一篇较长文章中每个词出现的频次统计起来,按照高频词在前、低频词在后的递减顺序排列,并用自然数给这些词编上等级序号,即频次最高的词等级为1,频次次之的等级为2,频次最小的词等级为3。若用 f 表示频次,r 表示等级序号,则有 $fr = C$(C 为常数)。

人们称该式为"齐普夫定律"。英文单词出现频率所满足的齐普夫定律,不仅对报纸、《圣经》有效,而且对狄更斯的小说、莎士比亚的戏剧等也有效,甚至对世界各国的语言也是有效的。词频分布规律是有较为丰富内涵的,学术界认为正态分布是描述自然科学的典型分布,而齐普夫分布将成为揭示社会科学规律的典型分布,所以社会科学界一直很重视这个定律。

齐普夫定律与"二八法则"都是简单的幂函数,我们称之为"幂律分布";还有其他形式的"幂律分布",像名次——规模分布、规模——概率分布。

正态(常态)与幂律的区别

天气、豌豆的直径、身体指标等是按照正态分布的,属于"平均斯坦"。

财富的占有、网站访问量、战争规模、单词使用频率、姓氏的分布、论文被引用的次数、书籍及唱片的销量等,都是典型的"幂律分布",属于"极端斯坦"。

"幂律分布"和正态分布的最大区别在于,是否存在所谓的"典型规模"。正态分布有一个所谓的"均值",比如人类的身高、体重、智商等,都是遵循正态分布,存在"标准"的人。

实际上,"幂律分布"广泛存在于物理学、生物学、生态学、人口统计学、经济与金融学等众多领域中,且表现形式多种多样。

比如,城镇聚集的人越多,就会有更多的人把这个城镇当作目的地。大的越来越大,小的仍然很小,或者变得相对更小。类似广州这种城市,如果不设置政策壁垒,不出30年,人口规模很可能会突破1亿。所以,有国外的专家建议,广州应该按照1亿人口的容量去规划。

再比如姓氏的分布，《中国姓氏大辞典》一共收录了23 813个姓氏。而在当代中国100个常见姓氏中，集中了全国人口的87%。中国最大的三个姓氏是李、王、张，分别占总人口的7.9%、7.4%和7.1%。三大姓氏的总人口达到2.7亿，为世界上最大的三个同姓人群。

出版业也是由"幂律"主宰。假如有人告诉你，两位作者的书一共销售100万册，最可能的情况是一位作者的书销售了99万册以上，另一位的销售还不到1万册。这种情况比每位作者各占50万册的可能性大得多。

"幂律"表现了一种很强的集中性，对财富的分配来说尤为明显，所谓"朱门酒肉臭，路有冻死骨"。所以，单纯依据人均收入来衡量一个国家的发展水平，并没有太大意义，必须还要提供一个体现分布不均程度的参数——基尼系数，才能增强比较的可靠性。

基尼系数是意大利经济学家基尼于1912年提出的，用来表现一个国家和地区的贫富差距状况。这个指数在0和1之间，数值越低，表明财富在社会成员之间的分配越均匀，反之亦然。

基尼系数在0.3以下为最佳状态，达到0.33，骚乱事件的数量就会明显增加。

按照国际惯例，把0.4作为收入分配差距的"警戒线"，达到 0.6 则属于社会动乱随时会发生的危险状态。

经济学家汪丁丁认为，如果基尼系数真达到 0.6 甚至 0.7，那么，总财富的 90% 或 95%，一定是被总人口不足 1% 或不足 0.5% 的人占有。

目前，尚无权威机构发布中国近年来的基尼系数。

一抔沙的隐喻

你去海边玩，堆砌一个沙堆，它不断坍塌，不断变高变大。这个过程中，蕴含着什么信息？

1987 年，理论物理学家伯·巴克做了一个沙堆崩塌实验。

这个实验很简单。让沙子一粒一粒地坠落到一个桌面上，最终将堆起一个沙堆。

当沙子累积到一定程度崩塌之后，就继续丢沙子，沙堆又再增高，然后再崩塌，如此循环往复，记录数据。

伯·巴克想要知道：沙堆崩塌的规模有小有大，什么样的崩塌规模是最典型的？能否预计下一次的崩塌会有多大？

当然，这个实验很考验人的耐性。于是，伯·巴克设计了一个计算机程序，模拟了沙堆崩塌实验。

实验者可以从上往下"俯瞰"沙堆。根据沙堆上的每粒沙子所处位置的陡度的不同，计算机会自动让它们变色。位置相对平稳的沙子，就标注成绿色；位置比较陡峭的沙子，就标注成红色。

一开始,由于沙堆平矮,新添加的沙粒落下后不会滑得很远。所以沙子几乎全是绿色的。随着沙子的堆积,红点逐渐增多,进而形成网络。

一粒沙子掉到"红点网络"上,就能触发周围红点的滑动。如果红点很少,新丢下去的沙子造成的影响也很小。但是,当红点多到连成片的时候,就无法预测新丢下去的沙子会造成什么样的后果:

- 也许让沙堆继续长高
- 也许引发小范围的"沙体滑坡"
- 也许会造成整个沙堆的崩塌

这种高度敏感的不稳定状态,就是一种"临界状态"。临界状态是指系统处于一种特殊的敏感状态,微小的局部变化可以不断被放大,进而扩延至整个系统。

由于这种临界状态是在沙子堆积过程中自己逐渐形成的,伯·巴克称之为"自组织临界"(Self-Organized Criticality)状态。

"自组织临界"是一种非均衡的状态,其特征是整个系统对外界的微小变化高度敏感。抛下一粒沙,可以发生任何规模的沙崩。即便是最大规模沙崩的发生,也不过是由一粒普通的沙子引起。

伯·巴克在进行数千次"虚拟沙堆"实验后，也没有找到一个典型崩塌规模。

有些沙崩规模小到只有一粒沙子，有些则大到几百万粒沙子。什么样规模的沙崩都有可能发生，但是并不存在一个典型的崩塌规模。

沙崩发生的时间、规模，都是不可预测的。但是，巴克最有意义的发现在于：沙崩规模虽然不是正态分布，但是却遵循"幂律"。

伯·巴克发现，沙崩规模的大小与其出现的频率呈"幂律关系"。沙崩规模越大，则发生的频率越低，参与沙崩规模每增加一倍，其发生的频率则降低 2.14 倍。

自组织临界理论可以解释诸如山林大火、山体滑坡、地震、火山、洪水规模、战争规模、物种灭绝、交通阻塞，以及金融市场中的"幂律分布"现象。

地震不可预测吗

地球每时每刻都在发生"地震"。只是很多地震太轻微，我们没有震感。还有一个原因是，人类生存已经有几千年的历史，本着趋利避害的生存法则，人类目前居住的地方大都是相对远离了地震灾害区，全球每年要发生的几百万次地震，大多发生在山区、海洋等无人区。

这和沙崩是一个道理，当地壳运动达到一个临界状态后，地震将在何时发生、发生的规模有多大，都具有很大的偶然性。

每次大地震之后，地震局的工作人员都要被群众骂个"狗血喷头"。纳税人认为，既然地震不可预测，"养"你们做什么呢？

20世纪50年代，美国加州理工学院地震专家古腾堡和里克特收集了发生在世界各地几千次地震资料并加以统计，结果发现：

地震震级发生的频率不是正态分布，但也不是毫无规律，而是震级越高，则发生的频率越低。而且遵守简单的"幂律"：一次地震释放的能量每增加一倍，发生的频率就减少为四分之一。这条地震规律被称为"古腾堡－里克特定律"。

这也就是说，从宏观上来说，地震是可以预测的。但具体到地震发生的时间点、地震的规模，却无法做出预测。

美国和日本政府干脆不做预测了，向全社会开放数据，让纳税人自己去做判断、做决定。

战争也一样。我们常说某国和某国"必有一战"，但何时、何种规模却无从说出。战争规模服从"幂律分布"。英国科学家莱斯利统计了1820年到1929年间的82场战争，发现每当战争中死亡人数增加一倍，相应规模的战争发生频率降为1/4。

生物灭绝规模也符合"幂律分布"。全世界每天有70多个物种灭绝,每 20 分钟就有 1 个物种被贴上灭绝标签。大多数物种还没来得及被发现,就已经从地球上消失了。1998 年有两位物理学家借助考古学界的大量数据,统计生物灭绝规模的分布情况,结果发现:灭绝规模每增加一倍,发生频率就减少为 1/4。

黄石公园效应

1998 年,康奈尔大学有一位地质学教授,名叫马拉默德。他设计了一个计算机程序,模拟森林火灾。

他在网格上种虚拟的树,每一步骤即在某个格子上种 1 棵树,树种在哪一个格子上是随机的,每个格子只能种 1 棵。随着时间的推移,网格上的树逐渐多起来。

然后,每隔一定数量的步骤之后,程序就往网格上扔下 1 根虚拟的火柴,扔在哪里也是随机的。如果扔的那个格子上有树,树就被点燃了。如果这棵树相邻的 4 个格子上有树,火就传了过去。

接下来,马拉默德改变了"放火"的方式。他设计了两种火柴的投掷方式:第一种,计算机每种下 100 棵树就扔进 1 根火柴。第二种,每种下 2 000 棵树才投掷 1 根火柴。

第一种游戏出现了很多次小的火灾。第二种游戏出现的火灾次数虽然大减,但是频频出现整个网格都被烧光的大火。

马拉默德反复地运行这个程序，统计每次虚拟野火的规模，并没有找到典型的野火规模，却发现野火的发生规模，也呈现出"幂律分布"的特点。野火的规模越大，发生的频率就越低。

这个实验很具有现实意义。

近百年来，美国政府对待山林火灾的态度是"零容忍"，消防队员积极扑灭每一场萌芽的野火，防患于未然。

消防员的干预，消除了自然界本该出现的零星山火，老树没有被及时烧掉，枯枝、落叶、树皮、干草，越积越多。换句话说，美国政府把森林带入了一个非常敏感的临界状态。

这个政策的效果是适得其反，1988年，黄石公园突发大火，烧掉了32万公顷的森林，占黄石公园面积的36%。遏制野火的结果是，火灾更难控制了。

美国政府意识到，野火维护自然生态系统的一个关键环节。1988年，美国的山林防火政策做了修正，对于小规模野火不再扑灭，而是任其燃烧。

君子不器

这个社会需要方方面面的专家，需要各种成器之才。说一个人"不成器"，是相当负面的评价。

但孔子说："君子不器"。

孔子认为,作为领导者和决策者的"君子"不应该成为"器",不应该成为"形而下"的专家,因为"专门家多悖"。"君子"应该是"形而上"的,具有开放的胸怀与广阔的视角。

西方有句谚语说:"在只有铁锤的人看来,所有问题都特别像钉子。"

手持铁锤的人,看什么都喜欢往钉子上联想,而且都试图通过敲打的方式来解决。

萧伯纳的小说《医生的窘境》中,有一个角色说:"说到底,每一种专业都是针对外行的共谋。"这种说法或许过于尖刻,但"专门家"确实容易受困于"拿锤效应",做出错误的行为。

比如,白内障手术已经有非常先进、安全的方法了,但一些医学院教授仍占用大量时间传授老式白内障手术的方法,因为他最擅长这个,并且陶醉于讲台上滔滔不绝的感觉。

统计学教材都会讲正态分布,但对幂律却涉及甚少。对于那些只懂得"正态分布"的人来说,一切分布都应该是正态的。

更荒诞的是,受困于"钟形曲线"的人会真诚地认为,他是为别人好,他的理论对社会是有利的。

拥有"拿锤人倾向"的人总是从自己的思维世界出发来理解世间万物。如果世间万物超出了自己的知识范围和思维模型,那么,他们会修正世间万物,让它来符合自己的思维模型。

智识大骗局

钟形曲线反映的是"平均斯坦",它就像"中庸之道"的现代数学表述。钟形曲线是"不幸"的,因为它助长了一种谬误,即大多数概率分布是正态的。

钟形曲线很对称、很和谐、很中庸、很民主、容易掌握,让人感觉是温和又可以预测的。收集了足够的数据之后,模式就会自动显现。

很多专家、教授都不懂(或假装不懂)"平均斯坦"和"极端斯坦"的区别,以科学的名义宣扬一些伪科学的道理。

· 你的职业属于"平均斯坦"还是"极端斯坦"

有一次,某省邀请搜狐老板张朝阳去给大学生做报告,希望鼓励本省大学生去创业,缔造一批类似搜狐的企业。

张朝阳却这样忠告大学生:创业可以,但不要轻易从事互联网行业。因为互联网行业集中性太强。

这就好比一条街上,有100家饭馆。只要老板够勤快,大部分都能活下去,都能赚到一些钱。互联网行业则不一样,100家网络公司,拼杀到最后,能活下3家就不错了。但活下来的这三家,日子过得相当滋润。

对大学生来说，没有本钱、底子薄，从事互联网创业，是在投资一件小概率事件，实属冒险。开餐厅属于"平均斯坦"，办网站则属于"极端斯坦"。

有些职业，虽然普通，但从业者日子过得殷实。类似理发师、牙医、面包师、工程师、计件取酬的工人等，属于"平均斯坦"。对于希望稳定的人来说，"平均斯坦"的职业是个相当不错的选择。它虽然不至让你一夜暴富，但也足以让你安身立命了。

类似股市操盘手、演员、作家、歌手、画家、运动员、底薪极少的业务员等职业，属于"极端斯坦"。它可以让你一战成名，更可能让你穷困潦倒。

麦当娜在成名前，为了在纽约谋生，从事过各类工作。她在商店当过店员，做过舞蹈演员，当过人体模特。据她的自传记载，为了充饥，她甚至曾在垃圾箱里找食物吃。她宣称自己曾在被丢弃的"汉堡王"纸袋里头找到东西吃，时间大概为1980年。麦当娜成功后，则是另一番光景。如果她输了，不过是纽约夜总会多了一个默默无闻的"舞娘"而已。

某些运动员每年广告代言费数亿元。但新闻上也常有某运动员去做搓澡工，甚至偷窃的新闻。这实在不足为奇。有些职业，虽然台前光鲜，背后却是"一将功成万骨枯"。每个成功者背后都有一群饿殍。

· 钟形大"骗局"

数学不会错,但数学会被用错。

与高尔顿大约同时代,有个数学家叫阿道夫·凯特勒,他要把"钟形曲线"用在一切地方,他要把世界纳入他的平均哲学中。

凯特勒提出,人的特性均趋向于"钟形曲线"的均数或中数,而越靠近两极越少。凯特勒从统计学角度出发看人,认为人的成长是会依从一套既定的法则。所以,我们可以通过统计数字,去推算一个人的发展。他还发明了身高体重比(BMI)来推算一个人的健康状况。

但凯特勒本人一点也不平均,甚至可以说是个偏执狂。凯特勒对"钟形曲线"的痴迷达到了走火入魔的境地,他提出了"体质平均人"的概念,通过收集统计数据,他开始制造"平均"的标准。胸围、身高、新生儿体重,很少有什么逃过他的标准。

凯特勒又把注意力转入社会学领域,针对人们的行为模式,提出了"气质平均人"概念,凯特勒划定了偏离平均值的范围,他眼里的正常人要么在平均值左边,要么在平均值右边,而那些站在"钟形曲线"极左端和极右端的人则属于另类,需要惩罚。

高斯并没有错,高尔顿也没有错,"凯特勒才是思想史上最具有破坏性的人"。凯特勒已经死了，但凯特勒式的错误一直存在。

·"均值"赌戏

运用均值回归原理，可以预测飞行员下一次的表现。因为飞行员的体能、技能都有极限和均值。

均值回归，激发了赌徒的赢钱梦想，也激发了不少投资者的投资冲动。很多人也把均值回归套用于股市，用以风险管理。

人们经常说，"市场是波动的"，就是这个意思。这看起来也似乎没有什么问题。

均值回归，从理论上讲具有必然性。因为股票价格不能总是上涨或下跌，一种趋势不管其持续的时间多长都不能永远持续下去。

这也是逆向投资者恪守的信条：当他们说某只股票已经"高估"或者"低估"时，股价背离了它的"内在价值"，股价最终是要回归的。

但是，股市的均值回归面临两个问题："均值"是多少？何时回归？

巴菲特曾说，从长期看，股市是"称重机"。也就是说，长期而言，股票价格将向其"内在价值"回归。讲的其实也是"均值回归"的意思。

但是,股票的"均值"怎么确定?"均值"是个很含糊的数字。昨天的正常值很可能被今天新的正常值所取代,而我们对这个正常值却一无所知。

有人曾问:"如何评估一只股票的'内在价值'?"

巴菲特的老搭档芒格回答:"搞清一只股票的'内在价值'远比你成为一个鸟类学家难得多。"

好吧,"内在价值",也许真的会"回归",但还有个关键问题无法解决,什么时候回归?

一次,经济学家凯恩斯说道:"先生们,从长远来看,我们都会死掉。"如果在狂风暴雨的季节里,经济学家仅能告诉大家,很久后风暴会过去的,一切又会恢复平静的,那么他们的工作就太简单,太无用了。

有时,长期趋势来得太迟,即便均值回归原理发挥了作用,也无法拯救我们。比如从长远看,一间着了火的房子终究会归于寂灭。

巴菲特买康菲石油的时候,就犯了"太早看好,入市太早"的错误,被市场狠狠教训了一次。

高尔顿只是把均值回归应用到了遗传等自然科学领域,在这些领域,它多数情况下是适用的、正确的。"天之道"不同于"人之道","极端斯坦"完全不同于"平均斯坦"。股市具有复杂、动态和非线性的本质,我们可以大谈特谈其大趋势,却无法做具体预测。到目前为止,均值回归原理仍不能预测股市回归的时间间隔,即回归的周期呈"随机漫步"。

虽然弗朗西斯·高尔顿发现了均值回归,但他本人并不"迷信"它,他反而鼓励我们去"欣赏广泛的观点"而不仅仅是均值回归的观点。

· 强制正态分布的荒谬

企业管理方法、考试评分机制等,都喜欢和它挂上钩,以强调其"科学"公平。

强制正态分布绩效评估法本身不是不正确,但多数情况下会因为生搬硬套而"伤及无辜"。

这种绩效评估的原理,是按照事物的"两头小、中间大"的正态分布规律,先确定好各等级在被评价员工总数所占的比例,然后按照每个员工绩效的优劣程度,强制列入其中的一级。

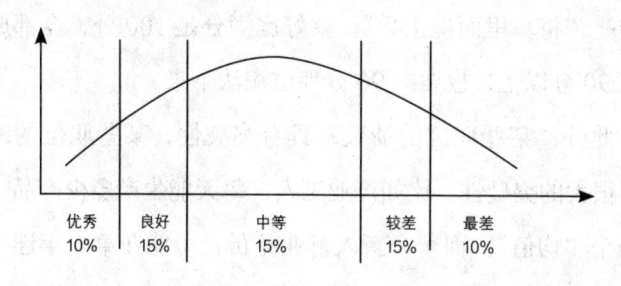

优秀 10%　良好 15%　中等 15%　较差 15%　最差 10%

强制正态分布绩效评估法

这种绩效评估法,以杰克·韦尔奇鼓吹的"活力曲线"

最为著名。在这个"活力曲线"里，韦尔奇将员工业绩划为好、中、坏三类，坏的占10%，属于必须裁掉的对象。活力曲线是年复一年、不断进行的动态机制，以确保企业向前迈进的动能。

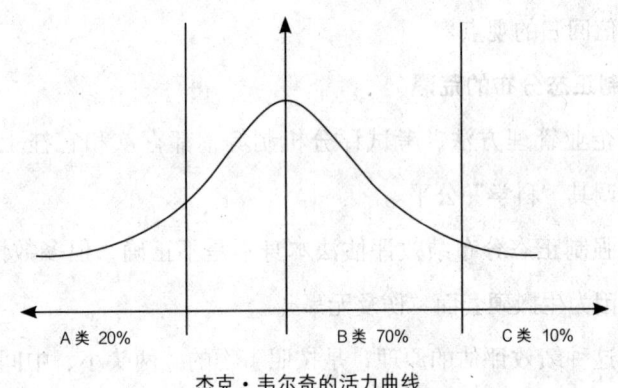

A类 20%　　　　B类 70%　　　　C类 10%

杰克·韦尔奇的活力曲线

但问题是，假如低素质员工淘汰完了以后，就要在中等和优良员工里硬要挑一些低素质员工来淘汰了。最极端的情形可能是"将军里面挑士兵"。就好比满分是 100 分，全部成绩都在 90 分以上，也要把 90 分那位淘汰下来。

此外，某些职位的绩效不具有突破性，某些职位的绩效具有很大的突破性。比如产业工人，每天能生产多少产品，存在一个"均值"。而一个新入行业务员，可能在第一年连一份订单都没有做成，却在第二年产生了令人目瞪口呆的大订单。

韦尔奇，这个总说自己是德鲁克的明星经理人的人，却做着德鲁克极力反对的事情。

· 重温德鲁克的告诫

如果这世界有唯一真正的管理学大师，那人一定是彼得·德鲁克。德鲁克认为，把正态分布用在商业领域是不合适的。让我们重温德鲁克的告诫：

· 商业不是自然现象，而是社会现象！

· 商业事件不符合自然世界的正态分布理论（即钟形高斯曲线）。

· 在社会环境中，非常少量的事件（10%~20%）属于一个极端，它们拥有90%的结果；而绝大多数事件所拥有的结果只占10%左右。

· 集中，是经济成果的关键。企业的现状可能是资源的不合理配置。经济成果要求管理者专注于尽可能少的产品（或产品系列）、服务、顾客、市场、分销渠道、最终用户等，它们带来的收入越多越好。

· 有些产品销量很少，零零碎碎，然而要付出大量的精力与财力。管理者必须最大限度地减少对这些产品的关注。

· 均值回归只适用于"平均斯坦"

奚恺元教授的《别做正常的傻瓜》一书非常好，但是，该书中的一个例子，笔者认为值得改进。

有位老板每年都会给手下的销售员进行业绩排名，并做出相应的奖惩。多年下来，效果非常不好。因为他发现这样一个规律：那些获得奖励的销售员，第二年成绩下来了。而那些受到惩罚的人第二年成绩上去了。

奚教授认为，这位老板忽略了"中值回归"的效用。

做过企业的人，大多会为这个例子感到不妥。会不会有一种类似"二八法则"的情形：某个业务员的某一笔业务，占了全公司业务量的一半？而且，真正优秀的销售员，"马太效应"非常明显，其成绩会越来越好。因为他的客户会成为他的老客户，同时他会不断发展新客户。

销售员的业绩，和运动员的成绩、产业工人的产量，是两回事。前者符合幂律分布，后者符合正态分布。

在很多行业中，比如广告公司，80%以上的业绩是由20%不到的业务员创造的。笔者发现，在对这些业务尖子进行高额奖励后，并没有出现上面案例中的奇怪现象。

如果把上面这个案例里的业务员，改成工厂里的"筋肉劳动者"，则会让人信服得多，因为工人的能效，基本上可以估算出一个"均值"。

命运比智慧更公平

罗伯特·莫顿提出了"马太效应"，却没有提运气。但命运是客观存在的。

在《论语》的篇末,孔子提出:不懂得命运,就没有办法当君子。命运处在可知与不可知之间,正如沙堆的自组织临界状态。

如果只有"马太效应"起作用,那么这世界将永远是某个家族一统天下。命运是一个"洗牌器",经常对社会随机洗牌。命运经常会将强者拉下马,将小人物推向权力顶峰。

愚蠢的人居于高位,确实让人感到不公平。如果这个社会按照智商高低,从高到低分配地位和财富,这就公平吗?

事实上,这是另一种不公平。因为智慧的高低,也产生于偶然。所以,命运比智慧更公平。

从前,我们搜索都用雅虎。那时候,谷歌还在为雅虎打工。现在,雅虎已经日薄西山,谷歌却如日中天。

曾经有个赌徒,连裤子都输掉了。走投无路的他,只剩"胯下二两肉"可赌了。于是,他把自己骟掉,进宫做了太监,从此一步步登上权力的顶峰。这人就是臭名昭彰的"九千岁"魏忠贤。奸佞之徒不足道也。而类似陈胜、吴广"从奴隶到将军"的轨迹,不可不谓命运的大翻盘。

风起于青蘋之末

历史是一抔沙。

一粒普通的沙子,飘落在临界点,就足以造成一场大规模的沙崩。

堆积，崩塌，再堆积，再崩塌……

一场战争的爆发，并不需要特别重大的原因。可能起初只是擦枪走火，接下来却是烽火连城。

"一战"前的欧洲巴尔干就像一个火药桶，谁也不知道哪颗火星会把它点燃。一起枪击事件触发了第一次世界大战。

日本全面"侵华战争"，也始于一次小小的摩擦。谁也没有想到，华北一个普通日军的"失踪"会造成"卢沟桥事变"。"卢沟桥事变"后，当时的报纸都预测这只是一场小规模的冲突，经过妥协，纷争将很快平息。谁也没有预料到这是日本全面"侵华战争"的开始。

风起于青蘋之末，止于草莽之间。大事件的起止，总是在不知不觉间发生，经过一番轰轰烈烈，最后平息。

时无英雄，遂使庶子成名。

在恰到好处的时间、地点，庶民之子、草根百姓也一样可以改变历史的走向。

秦失其鹿，始于一群民工因雨天误工。"美国独立战争"始于"波士顿倾茶事件"。一开始，谁也没有想到这些小事的"后劲"会如此之大，会带来如此强劲的连锁反应，如同一粒沙引起了一堆沙的崩溃。

第 4 章 预言游戏

预言，至多是一种冒险的活动。有时它们会错得如此离谱，以至其唯一价值就是结局所带来的幽默感。

——彼得·伯恩斯坦

为争夺投资人，媒体上的股市明星，以狂轰滥炸的营销方式，肤浅地强调一些表象，给大众一种只涨不跌的错觉；然而，事实上，他们未必抓得住股市的脉动。

——罗伯特·希勒

民国相士韦千里，是享誉海内的易学宗师，著有《千里命稿》。据说韦千里预测人的寿命能精确到某一天，他晚年定居香港，尝试以"算命"技术来预测股市，结果一败涂地。据说最后连麻将也不碰了。

经济学家凯恩斯也炒股，可他没有预料到 1929 年的股市会崩盘,他这次几乎倾家荡产。在"极端斯坦"里,作为一个决策者,必须对随机性保持批判性的开放胸怀。

预测股市的都是胆大的高人。比如金岩石博士,据说是"索罗斯的中国门徒""纳斯达克市场的活字典"。然而,在过去的三年,金博士预测准确率只有27%。当媒体问及此事,金博士笑答:"27%已经很靠谱了。最早请我预测股市的,是香港一家著名的媒体。人人都会有想说的冲动,然而,就算我看懂了股市走向,我有99.9%的把握,但仍会有'黑天鹅'事件的发生,股市毕竟属于'极端斯坦'的范畴。真的值得用薄名去冒险吗?只得婉辞。"

问道于猴

众所周知,对世界杯的预测让章鱼保罗名满天下。2009年,对俄罗斯股市的预测,也让一只猴子一战成名。

2009年初,俄罗斯"杜罗夫爷爷的角落"剧院的一只猴子,在俄罗斯《财经》周刊的金融实验中,成为一名虚拟股票经纪人。

实验中,这只名叫卢莎的猴子在30枚表示俄罗斯不同公司股票的骰子中,选择了8枚进行投资组合,并向它们投入100万虚拟卢布。同时它把自己的资产分为两半:一部分投入国有公司,另一部分则向私营企业投资。

当 2009 年底金融专家们对猴子卢莎所选股票投资总存量价值变化进行观察时，结果令此前持怀疑态度的人大吃一惊。在过去的一年中，猴子卢莎购买的矿业公司股票上涨了约 150%，电信企业股票增值 240%。不过，为猴子卢莎带来最大收益的是银行业股，涨幅达 600%。

猴子卢莎比大部分俄罗斯金融分析师赚的都多！

俄罗斯《财经》周刊主编奥列格·阿尼西莫夫感到惊讶。阿尼西莫夫说："俄罗斯 94% 的基金输给了一只猴子。所有人都感到震惊。现在要怎样取得分红呢？把钱寄到马戏团？"

或许有人会认为，猴子卢莎的买入时机，刚好处于股市低部，它运气好而已，但另外两个发生在华尔街的真实实验，则会改变很多人的成见。

1967 年 6 月，有一个美国参议员用飞镖去掷一份财经报纸，投资 28 000 美元，将《纽约时报》的股票版钉在墙壁上，用蒙眼掷飞镖的方式乱射，掷中哪家公司，就买该公司 1 000 元股票。17 年后获利 470%。同一时间段内，只有极少数的几位基金经理业绩比他好。

20 世纪 80 年代末，《华尔街日报》出面组织了一场历时数年的著名公开竞赛，一方是一头会掷飞镖的大猩猩，另一方是当时华尔街最著名的股票分析师组成的若干专家组。结果还是大猩猩赢了。

人，作为万物之灵长，应该是最聪明的动物。可是，从原始时代开始，人类却常常乞灵于乌龟之类的低等生物，来应对未来的不确定性。

预测，有着永恒的魅力

古代东方哲学特别崇尚内心的宁静，为此他们的信徒宁愿放弃对世俗财富的追逐。

现代心理学有一个重要假设，那就是焦虑是一种心理疾病。经历漫长的进化，我们依然会对不确定的事物感到焦虑、煎熬。我们需要安慰、需要保证、需要承诺。哪怕这个人是在撒谎，对于受煎熬的人来讲，他们是绝望中的稻草、寒夜里的星光。

人人喜欢"算命"，股市是最能激发大众想象力的场所。

股市里的各种专家，预测错了很正常。预测对了那简直就是神迹，会被反复念叨。

股市里充满了"黑嘴"，他们只有两招，第一是黑嘴，第二是坚持黑嘴。

如果一个人坚持多看，从20岁一直到他死去，总有一次会是对的。仿佛猜硬币，坚持猜出正面或反面，只要掷硬币的次数够多，总有蒙对的时候。

股市专家，是另一种"算命师"。在某种程度上，他们不是骗子，而是"心理医生"。至于愿意为这种安全感买单多少，取决于你愿意为心理咨询师买单多少。

人有预测的本能

蜘蛛天生爱结网，人类天生爱归纳。这是进化所产生的一种生物本能。

人类历史盛行着一种古老的谬误：如果在 A 之后发生了 B，那么 A 一定导致 B。

假设有位史前猎人，某天听见一只喜鹊在叫，接着他猎到了一只鹿。从此他就认为，这喜鹊的叫声能带来好运。

这位猎人打了个喷嚏，接着有位亲戚来访，从此他就相信，打喷嚏必然兆示有客人到来。

只有将不确定性变为确定性，人类才能获得安全感，才能睡得香，这是亘古不变的思维习性。

如果你相信金融危机、地震、森林火灾、生物灭绝等属于"极端斯坦"，那么你就应该对准确预测它发生的规模和时间的做法感到可笑。

但是，特韦斯基指出，人类的思维倾向于从无序中看出秩序，从不规律中找出规律。即便是从一大堆随机的经济数据中，也能推出所谓的规律。

特韦斯基证明，许多事件的发生完全是随机和运气的结果，而人类有一种表征直觉推理的习惯，即从一些数据的表面特征，直觉推断出其内在的规律性，从而产生认知和判断偏差。

"机会之魔"乱发牌

1953年，一位叫莫里斯·肯德尔的英国统计学家，发表了一篇枯燥而且乏味的论文。论文标题为《芝加哥商品市场上每周的小麦价格》。

但肯德尔想探讨的是，人们能够在多大程度上根据历史数据来准确地预测未来的小麦价格。

肯德尔给出了一个让人大跌眼镜的结论。他通过统计数据证明，在任何一天，小麦的价格都有可能上升或下跌，和过去的业绩或价格如何变化没有任何关系。肯德尔表示——

那些过去的数据提供不了任何方法来预测小麦价格的升跌。人们根本不可能预测到小麦的价格，小麦的价格总处于毫无目的的变化中，仿佛"机会之魔"随意抽出的一张纸牌上的数字，然后将这个数字加到当前的价格中，由此来确定下周的价格。

那么，股票价格的起起伏伏，是否有规律可循？

肯德尔表示，这个原则也许同样适用于对股票价格的预测，股票价格的变化似乎是随机的。有些人认为他们能够对股票市场做出预测，而在肯德尔看来，他们都在自欺欺人。

肯德尔的发现让大批的金融学家陷入窘境。有人认为他的言论"给经济学带来了致命一击"。

肯德尔的结论似乎暗示着，股票市场是由令人捉摸不定的市场心理学主宰着，没有任何逻辑可言。一言以蔽之，市场的运行是无理性的。

然而，因为经济学本身就是一门研究事物可预测性的科学，万物都应是可预测的。经济学家们如果不想失业或转行，首要任务就要能够解释肯德尔的发现。

经济思想史上最惊人的谬误

几年后，"有效市场"理论的出现，终于让金融学家们又找回了继续干下去的理由。

有效市场理论起源于20世纪初，开始只是个"假说"，其奠基人是一位名叫路易斯·巴舍利耶的法国数学家。1970年，芝加哥大学经济学教授尤金·法玛在《金融》杂志发表文章，首次正式提出了这一理论。

他认为，任何战胜市场的企图都是徒劳的，因为股票的价格已经充分反映了所有可能的信息，包括所有公开的公共信息和未公开的私人信息，在股票价格对信息的迅速反应下，不可能存在任何高出正常收益的机会。用一个故事可以解释有效市场理论——

一个信奉有效市场理论的教授和他的学生走在校园中，发现地上有一张百元大钞，学生想去捡起来，但被教授阻止。教授告诉他：如果它是真钞，早被人捡走了，根本就轮不到你。大街上不可能捡到钱，就如同一个"运转良好的金融市场"上不可能捡到好股票。好的股票是你看得见我也瞧得着，怎么可能被人莫名其妙地白捡？

有效市场的信徒看来，在完全有效的市场一定是无法获得超额投资回报的市场。但事实是，那个学生真的看到了100元钱。尽管它只是生活中的偶然，但它也是实实在在地存在的。

有效市场假说提出后，一度受到广大金融家们的追捧，有"财务学界大师"之誉的迈克尔·詹森甚至宣称："没有其他任何一种经济命题拥有比有效市场假说更可靠的经验证据。"

然而，事实似乎并非如此——该理论的支持者通过实证研究，发现了毋庸置疑的事实：市场没有该理论所假设的那样有效。

1984年，行为金融学家罗伯特·希勒就大胆地称之为"经济思想史上最惊人的谬误之一"。

因为市场有效性实际上是对市场竞争状况的一种度量，

而各种金融评价模型又大多是建立在均衡市场假设基础上的，因此，在现实运用中往往会出现非常规、非理性因素的影响，从而导致市场的表现异常甚至反常。退一步讲，即使对于同样的市场信息、基本面信息，不同的交易者，由于受到自身知识、能力、情感的限制，也会产生不同的效果，并导致不同的市场方向判断。

预测取决于运气

行为经济学家马修·拉宾曾假设：如果你是一位投资者，你亲见一位基金经理在过去两年中的投资业绩好于平均情况。你是否就会得出这位经理要比一般经理优秀的结论？然而真实的统计意义非常微弱。

让我们来看一种传统的伎俩。

某位基金经理，非常善于"忽悠"。

第一周他寄10 000封信，预言甲股票的涨跌。其中5 000条说甲股票会涨，5 000条说甲股票会跌。

第二周，这位基金经理向其中说对的5 000人再寄一封信，其中2 500条说乙股票会涨，2 500条说乙股票会跌。

第三周他再向说对的2 500人发短信，其中1 250条说丙股票会涨，1 250条说丙股票会跌。

最后有1 250人，发现这位基金经理连续3次说对了，简直太了不起了。其中有500人真的把钱交给他投资了。当然，如果赚钱是要分成的。

基金经理拿到钱后会做什么呢？他会给这500个不同的账户各买一只股票，尽量让这些股票各不相同。一段时间过后，股票有的涨、有的跌。

如果一个人的账户买了一只涨的股票，他对基金经理就会更加信赖，甚至还会追加投资。

假如碰到一个大牛市，大部分时间里，大部分股票上涨概率大大超过下跌。因此，基金经理的这种模式是非常有"钱途"的。

假如来了个大熊市，大部分股票在大部分时间里下跌超过上涨，基金经理也不用负责。

就算不灵，谁又会大煞风景

人类有一种末世情结，所以每隔几年就会有新鲜末日预言出炉。从数千年前就有世界末日的预言。但这些预言从不兑现，可是，它们将会一直受欢迎。

股市里不会缺预言地狱的"空军司令"或宣扬天堂的"多军司令"，他们的预言一个接一个地落空，追随者或"水军"立刻会找到各种理由为他们辩护。

20世纪中叶，美国学者费斯廷格等人对"认知失谐"的课题进行社会及心理学的研究。

1954年,费斯廷格读到一条地方报纸的头条新闻:"号角星"带给本市的预言——逃离大洪水。

芝加哥的一名家庭主妇吉斯夫人,宣称自己收到了来自"号角星"的神奇预言:一次大的洪水会在12月21日黎明之前终结这个世界。

吉斯夫人又说,她和她的信徒,将会在午夜聚会,那时候会有一只飞碟把他们救走。

吉斯夫人的不少追随者放弃了工作、学业、配偶、金钱和财产。

费斯廷格认为这是研究人类"认知失谐"的良机,就跟踪到了现场。

12月20日午夜接近的时分,信徒按照吉斯夫人的指示,除去身上所有金属物品。比如拉链、带铁环的胸罩、皮带等,以免对外层空间飞行器造成干扰。

12:05,洪水没来,飞碟也没来。人群开始骚动,这时候有人拿出另一只表,说现在的正确时间是11:55。大家又安静下来。

12:10,仍然没有访客。人群又不安起来。

凌晨4:00,追随者出奇地安静。吉斯夫人开始哭泣。

凌晨4:45,吉斯夫人说自己收到另一则消息:因为这帮信徒足够虔诚，所以外星人决定暂时放过地球。

最后的结果让费氏非常吃惊，预言失败后，吉斯夫人的铁杆追随者反而更多了，他们对吉斯夫人更加信赖。

通过观察"UFO末日教派"的成员们对这种反直觉信仰的坚持，以及其领导人的预言失败后，改信人数的增加。费氏在1956年写了《当预言落空时》一书，作者们分别从历史文献和实地考察两方面来进行研究。

《当预言落空时》一书中，费氏等人第一次提出了认知失谐的概念。

认知失谐——一个心理学概念，用来描述在同一时间有着两种相矛盾的想法，因而产生了一种精神紧张。或者说，是两种认知中所产生的一种不兼容的知觉。

地球灭亡预言的失败，"预期落空"增强了认知间的失谐，结果使得大多数没有心理准备的信徒，为了减缓此心理失谐而改去接受新的预言；亦即外星人已经因为他们而饶恕了这个星球。

失谐是一种在认知活动中出现的不和谐状况。在人类认知活动中，当一个被深信的观念，受到外界客观事实所否定时，便会替个人带来不舒服或痛苦难耐的情况。而在各种失谐的状况中，人都是致力于把失谐的程度减至最低。

换句话说，预言的失败替信徒带来失谐的状态；而在心理上,他们需要把失谐的程度减至最低。

怎样减轻这种精神上的压力呢?按照费氏的看法,减低失谐的方法有三种:

· 放弃全部信仰。但他付出的代价可能比在失谐状况中更高。因为已委身过的价值体系,是不易放弃的。

· 忽略一切否定有关预言的证据,并坚定原有的信仰。然而,在一个高度信息化的世界中,外在客观的事实不易随便扭曲。

· 稍微修正有关信仰,以较低的代价来减低失谐的痛苦。

《当预言落空时》一书的亮点,在于作者使用"失谐"这个概念,来解释信仰群体在预言失效后的情况。

费氏指出,当信仰群体的基要点被否定后,它不会就此而瓦解,反之它会以修正信点的方式来维持有关信仰和失谐状况,而信徒会变得更加投入和确信。

第 5 章 遍地枭雄

——自负、"吹牛"或英雄主义

谦逊,通常是自负者欲扬先抑的诡计。

——弗朗西斯·培根

成为有钱人很简单,你只需假装有钱,他们就会欢迎你,他们只喜欢钱。

——詹姆斯·卡梅隆

电影越逼真,越有代入感;剧本越现实,越能激起观众的共鸣。是这样吗?

如果大众是理性的,这句话就是成立的。

所有人都知道,老鼠不可能战胜猫,小白羊不可能战胜大灰狼,但观众看起来非常有"代入感",非常起劲儿,这不奇怪吗?

电影《泰坦尼克号》讲的是一个英雄主义的故事,输得只剩一张船票的赌徒战胜"高富帅"的故事。

萝丝的未婚夫唯一的过错是太有钱,所以活该被拐走老婆、被私吞钻石、被吐一脸口水,最后还潦倒自杀。卡梅隆非常明白,群众有一种渴望"小人物战胜大人物"的心态。

卡梅隆借胖女人之口对杰克说:想成为有钱人很简单,你只需假装有钱,他们就会欢迎你。你就能进入他们的圈子,获得成为真正有钱人的机遇。吹牛、炫富,有时是一种策略。

不吹牛,毋宁死

不吹牛会死吗?

在亿万年前的生存斗争中,不吹牛是会死的。

在人类的进化史上,乐观或者说自负、骄傲这种品质,曾经一度非常重要,是一种"优秀品质",它可以帮助我们的祖先在生存斗争中存活下来。

假设有一位古代丛林中的猿人非常理性、客观,它将日日夜夜担心自己会被豺狼虎豹吃掉,即使不精神崩溃,也会患上抑郁症。

两个实力相当的人,狭路相逢,靠什么胜出?

当然是要靠信心的爆棚,狭路相逢勇者胜嘛。

进化决定了人类爱吹牛。男人比女人更爱吹牛,单身男人比已婚男人更爱吹牛,政客比所有人都爱吹牛。

人类在生存斗争的过程中，通过自欺欺人，可以获得竞争优势。所以吹牛会带来一种快感。人在吹牛的时候，会连自己都信以为真。

通过吹牛和自欺，人们可以提升自信、缓解焦虑、增加快感。

进化心理学认为，骄傲是一种人类本性，它是我们的祖先在生存斗争中形成的。

"吹吹"更健康

人类吹牛的欲望是拦不住的。王朔讲过，六祖慧能，怕人瞧不起，曾经假托是卢氏望族的后人。

精神病学上有所谓"自恋型人格障碍"和"表演型人格障碍"的说法。可是，即便是非常谦逊的人，也难免会有"吹"或"装"的冲动。因为这是人类进化过程中产生的生存策略与生存本能。

心理学家发现，人们对自我的评价，总是比别人要高那么一点儿。这有点儿类似禀赋效应——我们对自己拥有的东西评价更高。

英国有一项调查显示，逾80%人承认，每天吹一次牛。就算一个自我评价很低的人，对自我的评价也比别人高。你可以说这是一种自信，也可以说是一种自负。

心理学家发现，人只有稍微有那么一点点"吹"或"装"才算健康，否则会患上抑郁症。有一次，德国空军一颗炸弹在麦克阿瑟将军附近爆炸，警卫问他为什么不赶快躲开。麦克傲气地说："希特勒永远造不出来能将麦克阿瑟炸掉的炸弹。"睥睨人世艰难，可以降低我们的焦虑，提升自信。

也就是说，适度地"吹"，健康地"装"，其实反映了一种积极的人生态度，利于身心健康。

骄傲是个中性词，它一方面代表着崇高感、自豪感，另一方面代表着愚蠢和盲目乐观。

不卑不亢其实是很难拿捏的高超技术。所以，人们常常表现出"傲"。笑傲江湖、傲视群雄……很难区分这到底是傲气，还是傲骨。

傲一点儿，可以"长自家志气，灭他人威风"，让我们在生存斗争中获得某种优势。

"吹牛"有两种，一种是吹得恰到好处，还有一种是吹"露馅儿"了。

随处可见的夜郎自大

传统经济学假设人是理性的，行为经济学家则说，大多数人会高估自己的能力、知识和智慧（包括那些自我意识很健康，以及那些非常缺乏自信心的人），我们都没有自己想象的那么高明。

1997年，美国一家新闻机构做了一个调查，问美国老百姓谁最可能上"天堂"（多项选择）。

52%的人选了曼德拉。

60%的人选了戴安娜。

66%的人选了奥普拉（美国著名的脱口秀主持人）。

79%的人认为特蕾莎修女才够格。

87%的人选了——他自己！

过度自信的迹象充斥着我的生活。

一般而言，男人对自己的评价比实际上更风流倜傥；女人对自己的评价比实际上更单纯忠贞。有调查显示，大约83%的法国人认为，自己"调情"的本领是一流的。客观地划分，应该1/3的人一流水平，1/3的人一般水平，1/3的人一般水准以下。

还有人曾对500名已婚女士进行匿名调查，问她们男性婚后出轨的概率，平均而言，她们认为男人出轨的概率超过55%。再问她们自己老公出轨的概率，平均而言，她们认为不会超过10%。

过度自信一般会出现在自己擅长的专业上。几乎从事各种职业的人都存在过度自信，在物理学家、临床心理学家、律师、谈判人员、工程师、企业家、证券分析师、驾驶员等的判断过程中，都观察到了过度自信现象。

心理学家曾经对瑞典的汽车司机进行过一项调查，发现有90%的人自认为驾驶技术属于中上水平。显然，这里面有很多驾驶员缺乏自知之明。这正是过度自信的典型例子。

很多大学生有创业的冲动，但大学生创业失败率高达97%。如果不是由于过度自信，不会有那么多人决定去自己创业。

如果说大学生只是"菜鸟"，那么"老鸟"也好不到哪儿去。大部分的小微企业，寿命不到4年。换句话说，多数小老板都相信他们有能力克服困难，打出一片天，可惜大多是竹篮打水一场空。

吹出新天地

做出超出自己承受极限的行为，其实是一种行为上的吹牛。

一些古代的皇帝，会在年老多病时仍然坚持游泳、狩猎或登山。这是为了阻吓潜在的竞争者。

某房地产大佬，退居幕后做了董事长后，迷上了登山运动。这位房地产大佬说："登山对我来说是一种生活方式。谈判时我往那儿一坐就有优越感，我在山上一待就能待一个月，你能吗？无论从意志上还是体力上你都磨不过我。"

扑克游戏能反映一个时代。

有一种扑克玩法，名叫"斗地主"。牌少的人联合起来

"群殴"一个牌多的人。

斗过地主,我们进入平均主义时代,这时出现了一种超级简单的玩法,叫"交公粮",也就是大牌压小牌。

改革开放后,产生了"先富"和"后富"的区别,就出现了一种叫作"拖拉机"(又叫升级)的玩法。这种游戏里,"韬光养晦"的策略不再常用,争取到发牌权才是王道。抢到发牌权的人,才可能有机会胜出。再后来,把"拖拉机"规则稍做修改,就有了更具对抗性的玩法:"炒地皮"。

国与国之间的竞争,就像"拖拉机"。你研究导弹,我也不得不研究导弹。你研究反弹道导弹防御系统,我也得上。

美苏"冷战"期间,两个超级大国的战略核武器数量和质量都处于均势,走入军备竞赛的死胡同。

1984年,美国总统里根批准实施"星球大战"计划,后来被证实是一场彻底的骗局。美国以发展军事为掩护,带动了一大批民用科技企业的发展。微软等公司就是那个时期崛起的。苏联信以为真,用大量的财力去研究导弹防御,结果把国民经济拖入万劫不复的深渊。

美国其实是在"吹牛",相当于用一张最小的牌来"吊主",苏联手忙脚乱地把最大的王牌扔了下来。

文化产业应收"吹牛税"

"马太效应"这种机制,其实是鼓励人"吹牛",从而达到一种"虚拟累积优势"。

有个关于产业划分的比喻很形象——

何谓第一产业?答:喂牛、养羊;

何谓第二产业?宰牛、杀羊;

何谓第三产业?吃牛肉、喝羊汤;

何谓文化产业?"吹牛皮""出洋相"。

文化产业的"吹牛皮"通常表现为"买榜",收买"意见领袖"背书等。文化产业的"出洋相"则表现为恶性炒作。

比如,很多电影,都声称票房多少多少,其实只是一种造势手段。王朔曾经谈过类似问题,比如商务——就是企业赞助、贴片广告,说起来好听,其实大部分是媒体交换,不是现金。譬如说,当年《天下无贼》在放映前就声称拿下了 3 000 万元的商务,这里面大概有 1 亿条免费短信,和多少家电视台同时播放片花等,事实上这些只起到宣传效果。

再以图书出版为例,每一本书都有自己的命运。就好比有能力的人也可能一生默默无闻,一本好书,很可能连上架的机会都没有。

某些图书网站的排行榜,可以通过出版机构自己购买的方式"打榜"。到最后,这种虚假的优势,会转变成真实的优势。显然，这对真正优质的图书作者是不公平的。长此以往，文化产业只能虚假繁荣。所以，要真正实现文化行业的大繁荣，必须对文化市场的操纵者课税，来补贴那些真正优质却被埋没的文化产品。

致命的自负

自负，是一种自己都信以为真的"吹牛"。

冯克利在给哈耶克《致命的自负》一书的序中写道：自从启蒙时代以来，人类在自然科学和技术的运用上有了天翻地覆的变化。但是，哈耶克从这种进步中看到了一个巨大的潜在危险，即每个科学领域所取得的成就，都在对人类的自由不断形成一种威胁，这是因为它加强了人类在判断自己的理性控制能力上的一种幻觉，即他所说的"致命自负"。

· 控制错觉

去任何一家彩票贩售点观察，会发现大部分彩民是自己选号。

事实上，主动选择，与机器选号，中奖概率完全一样。但是在彩民心中，却认为自己选择的号码会有更多的胜算。

股市里的投资者，也会产生一种类似的控制错觉（Illusion of Control），控制错觉也是产生过度自信的一个重要原因。

控制错觉的最主要原因是"主动选择"。做出主动的选择，会让人夸大这项投资的胜算。

1987年美国股灾后，行为金融学家罗伯特·希勒做了一个问卷调查，当问及"你当天就知道会发生反弹吗"时，没有参与的交易者有28%做肯定回答，参与的人则有50%回答"是"。

希勒又接着问："如果是的话，你是如何知道的？"

多数人回答"凭直觉""历史证据与常识"等。

这种事后聪明会使投资者不重视对行为的反省。由此也可看出人们常会过于相信自己的判断。

· 资讯幻觉

过度自信另一个根源来自"资讯幻觉"——资讯越多，把握越大。这与传统观念相符：资讯越多越好。心理学家曾经做了一个实验：

让"赌马客"从88个他们认为对计算胜率有用的变量中做出选择。比如往日赛马的成绩表，马匹的健康指数等。

先给"赌马客"10个最有用的变量，让他们做出预测。

接着，又给他们10个变量，让他们再做预测。

资讯的增加，并未增强预测的准确性，奇怪的是，他们对预测的信心却极大提高了。

其实，股市里的小道消息、各种传闻对投资者来说并无帮助，反而更像一种噪声。

投资客、操盘手及股评家总认为自己有能力跑赢大盘，然而事实并非如此。

投资客和操盘手在他们有一定知识的领域中容易过度自信。然而，自信心与投资成功成"负相关"。正如莎士比亚所说：愚人做蠢事并不稀奇，聪明人的蠢事才叫人笑破肚皮；因为他会使出浑身解数，来证明自己是个笨蛋。

预测越准，信心越低

真正的高手，已经不需要以论证自己正确来提升自信。索罗斯不断强调自己常犯错误，但这丝毫不影响他成为最伟大的投机家。

金融学家列支腾斯坦曾做过一项实验：

给被试者12只股票的市场报告，并请他们预测在给定的时间段内，这些股票将会看涨还是看跌。

实验结果：这些结果只有47%是正确的（比预期还低），但平均的信心度达到了65%。

列支腾斯坦发现：

当准确度接近随机水平时，过度自信达到最大。

当准确度从50%增加到80%时，过度自信会随之减少。

当准确度超过80%时，人们会变得不自信。

也就是说，预测准确度越高的人，越少出现过度自信现象。正所谓"一瓶子不响,半瓶子晃荡"。顶级交易员、桥牌高手、职业"赌客"很少会表现出过度自信,但对于"半瓶醋",过度自信现象是普遍存在的。

男人比女人更自负

过度自信很可能与人体的某种内分泌激素有关。研究发现,过度自信会导致投资者更频繁地进行交易。

在金融学教授布莱德·巴伯和特伦斯·奥丁的一项研究中,他们取样1991年至1996年中的78 000名投资者,发现年交易量越高的投资者的实际投资收益越低。

但真正有趣的发现在后面:心理学家还发现,在男性化的职业中,比如体育竞技、组织领导、财务管理等,男人比女人有着更严重的过度自信。因此,男性投资者比女性投资者交易更加频繁。单身男性投资者又比已婚男性投资者交易更加频繁。

巴伯和奥丁发现,女人的年投资回报率(经风险因素调整后)比男人平均高出约1个百分点。女人的交易频率更低,持有组合的波动性更低,对回报率的心理预期也比男人低。

单身男性投资者需要注意了,巴伯和奥丁的调查显示,单身男性比已婚男性更容易过度自信。他们的账户年周转率平均为85%,已婚男性的账户年周转率平均为73%。过度自信的投资者更喜欢冒风险,同时频繁的交易也导致交易佣金过高。交易频繁不仅会导致高额的佣金成本，还会导致投资者卖出好的股票而买入差的股票。

单身男人更自负，这可能来自一种生物本能。

傲气，所以"有种"

1859年，达尔文发表《物种起源》，确立了进化论。进化论的核心观点之一是"自然选择"。

自然选择需要通过"生存斗争"来实现，其形式之一是种群内部的战争，也就是同类相残，比如争夺交配权。

■ 为了获得交配权和领地权，海岸边的雄性象鼻海豹相互之间要进行激烈的搏斗。

动物本是理性的，懂得如何回避风险。

比如，两头体格差不多的马鹿，在争夺母马鹿的时候很少角斗。它们会互相吼叫，比谁的嗓门更大，声音更洪亮者胜出，赢得交配权。

如果两头雄性马鹿体格一样壮，嗓门一样大，它们还会勃起自己的生殖系统。如果一方偏弱小，就会自惭形秽，灰溜溜地败下阵来。

没流一滴血，胜负已决。

用哪个词评价这头理性的、有自知之明的、与世无争的马鹿比较恰当，当然是"没种"！

理性在这里是没有价值的，必须改变，"任何改变，都是进步"。

《晋书》记载，赵王伦搞政变，杀了张茂先的全家。刘颂闻之恸哭。当得知张家有个孙子逃了出来，刘颂转悲为喜："茂先，卿尚有种也！"

"有种"在古文中就是"有后代"的意思。俗语说一个男人有气魄、敢冒险，也会说他"有种"。这是纯属巧合，还是有某种内在联系呢？

单身汉最自负

假设有一位单身汉 A 君，自恋、自负又自作多情。其实，在别人眼里，他各方面都很平庸，甚至庸俗。

如果有人鄙视他。他就反唇相讥：鄙视我的人那么多，你算老几？你这是在忌妒我。他觉得很多女孩对他有好感，只要他认真追，就能追到。

但是客观上，他的失败率非常高，被拒绝的概率高达99%。他向一百个女孩送上"秋波"，会有九十九个女孩还以白眼。最后那个不曾翻白眼的女孩只是因为那天戴了墨镜。A君就此认定这女孩值得去追。

如果成功，他和女孩会结婚生子。尽管前九十九次属于判断失误，但最后一次成功（收益），足以抚平以前所有的创伤（损失）。因为她可能为他生个孩子，使得他的基因得以延续。

无意冒犯任何人，因为我们任何人都可能成为A君。就像一首歌唱的，爱，真的需要勇气。

一个物种得以存活到今天，并非它们真的有多么优秀、多么高尚，仅仅是更能适应而已。

自知之明是一种理智的认知。但理智只是生存工具之一，这工具本身有其局限。比如在求偶的问题上，自知之明就未必高明。

如果你遇见这位A君，拜托不要提醒他。他或许会因为你的忠告变得自省，但会因此患上抑郁症。

男为己悦者"吹"

心理学家研究发现，当商品包装上印有充满诱惑的性感美女时，男人的消费冲动更强烈，花起钱来会更大方。

追女人的时候，男人最舍得花钱，以炫耀自己的经济实力。

公狼在求偶时会通过展示自己的领地、在群狼中的地位，以及捕猎的技术，来吸引母狼的注意。还会将捕获到的猎物拖给母狼，以此贿赂母狼。

男人喜欢在喜欢的女人面前"吹牛"，把自己描述得精明强干、慷慨大方，直接或间接地展示自己的事业或成果，通过花钱、送礼物等表明诚意。

有一种阔尾蜂鸟会飞起十几米高，再从空中极速向下俯冲！如此反复折腾，不过是向同性示威、向异性示好：你看我，一只摔不死的阔尾蜂鸟！

人类也一样，常常在异性面前做出非常夸张的行为，比如买一些价格超高的商品。为的就是宣传自己、炫耀自己，以此告诉异性：看我多牛，跟我走吧！

拖延症

我曾向读者承诺，《赌客信条2》会在2010年推出。但由于过度自信，书稿一拖再拖。到最后，我向出版商承诺，每迟交一天稿子，请扣掉我500元。但仍然晚交了20天。

尽管内心颇受煎熬，但就是无法摆脱拖延的困扰。

这就是心理学家所谓的"计划谬误"，它也是过度自信所导致。这种现象是我们人类常见的毛病，比如说拖拉、不能按时完成工作等。

当然，计划谬误只是造成拖延的原因之一。其他原因还有追求完美、创意太多、效用贴现（及时行乐）等因素。

拖延症是很多人的"通病"。20世纪40年代，美国就有了"拖延症俱乐部"，成员主要是律师、作家、记者之类，俱乐部里有一个经典笑话：80%的律师死后是没有遗嘱的，他们拖拉了一辈子！

从进化的角度来看，"未来贴现"是"病因"之一。

我们的祖先，在险恶的环境中存活，过着有今天没明天的日子，预期寿命也很短。所以，他们很少做长期的规划。如果做一件事要在很久之后才能得到收获，人们行动的动力当然就不足。

现在，我们的生存环境更优渥了，预期寿命也延长了，我们已经可以奢谈未来。但及时行乐的基因仍潜藏在大脑深处。

还有一种原因是，念头太多，不够专注。这一点我深有体会。我在这两年中冒出了很多写作计划，绝大多数是虎头蛇尾。

达·芬奇可能是历史上最有智慧的人，但从未出版过一本书。达·芬奇曾经写了很多笔记，记录转瞬而逝的灵感，而他在科学方面的超前理念也隐藏在草稿图中。这些吉光片羽，都只是一些概念性的东西，并没有太深入的研究。但是往往一旦解决了概念性问题之后，他就再没有耐心专注于那个工作，而是跳到了下一个感兴趣的项目。

更致命的是，他的拖延症还严重影响了客户关系，他要生活，就先收下了很多作品的订金，却无法及时交稿。

和所有拖延病患者一样，他是完美主义者，务必要求尽善尽美，除非你逼迫他，否则他永远不交稿。达·芬奇传世的画作不超过20幅，其中几幅在他去世的时候，还因为太追求完美而没有交稿。

第 6 章 贴现未来
——高瞻远瞩与活在当下

书册埋头无了日,不如抛却去寻春。

——朱熹

我们对未来缺乏耐心。相对未来而言,现在总要占据更多的优势,现在可以被我们直接感知,而未来,却需要我们去想象,天知道未来会是什么样子。

——庞巴维克

古猿的平均寿命只有十几岁,生存环境极其恶劣。过了今天,或许就不再有明天。进化过程中,我们身上已经有及时行乐的基因。

从纯理性的角度讲,人生如寄蜉蝣于天地,如不能及时行乐,只能老大徒伤悲了。人生苦短,命运无常。远见太远,不过是另一种愚蠢罢了。

中国历代帝王的平均寿命只有 39 岁，很多人说，这是他们贪恋女色的结果。

其实，很多帝王与当时的平均数字相比，已经算是"高寿"了。有历史研究者统计得出中国历代人民平均寿命：夏商时代不超过 18 岁；秦汉时代为 20 岁；东汉为 22 岁；唐为 27 岁；宋为 30 岁；清为 33 岁。

但是，我们的时代已经变了。我们已经有相当长的寿命预期，并生存于和平年代。我们有充分的理由奢谈未来，也有资格做出一个相对较长的规划。但是我们大量透支未来，这其实是一种愚蠢。

在面对当下的诱惑时，我们作为凡夫的局限性就完全暴露了。

今天的 100 元，要大于明天的 100 元

你在一家公司持有 20% 股份，每月领取 1 万元薪水。

某天，你的老板和你商议。能否把你现在的薪水压低一半，去掉的 5 000 元，会在年底分红里给你。

你肯定不乐意，你心里可能会想："公司是不是遇到了什么困难？谁知道年底会发生什么，少给我画大饼了！"

你这样想，是完全正确，而且是理性的。当然，也不排除公司在 3 年后突然变成一个传奇般的赚钱公司，但这种概

率毕竟太小了。眼前的利益尚且不能保障，还奢谈什么未来的分红呢？

泰勒教授在1981年进行的一项实验中发现，被实验者要求回答和15元收入无差异的一个月后、一年后和10年后的收入应该是多少，回答结果是20元、50元和100元。

也就是说，被调查者认为一个月之后的20元、一年后的50元、10年后的100元和现在的15元是无差别的。

这意味着一个月期限的年贴现率是345%，一年期限的是120%，10年期限的是19%。被实验者明显表现出时间偏好的不一致，典型表现出短期无耐心，长期相对有耐心的行为特征。

远见太远，也是一种贪婪

通俗地讲，把未来的钱换算成现在的钱，这个过程就叫"贴现"。在这个过程中，所用的利率就叫作"贴现率"。

假设你现在穷困潦倒。一天，你遇见一位和你长得有点儿像的人。他说："我就是你。我从10年后穿越到现在看你。"

你说："你在那边还好吗？"

他说："好坏取决于你现在的修为。"

你说："快给我点儿钱，如果你不是个疯子的话。"

他说："根据宇宙法则，我可以给你钱，但要按照一定的贴现率进行贴现。"

你说："什么是贴现？"

他说："把未来的钱换算成现在的钱，这个过程就叫贴现。比如，我给现在的你1万元，我在'那边'的账户就要至少支付10万元。"

你说："这道理我懂，做人应该有远见，明天的福需要今天来修。少废话，快把钱都给我。"

他说："你这样是过分透支未来，还让不让我活了？"

你说："我不就是你吗，我如果穷死了，你也就完了，你这个贪婪的家伙……"

远见太远，也是一种贪婪。面对未来和现在的抉择，我们更倾向现在。这并非短视，甚至可以说是一种理智。因为未来充满变数。

动物同样喜欢贴现

"贴现"并不是人类所特有的，很多动物都有这种现象。一些实验经济学文献表明，鸟类，尤其是鸽子和鹦鹉，给它们两个选择：一个大的、长远的回报，比如说等待10分钟后给100颗谷子；一个小的、短期的回报，比如说等待30秒后给两颗谷子，它们宁愿选择后者。

这些鸟是聪明的。未来具有很强不确定性。正所谓"百鸟在林，不如一鸟在手"。10分钟后，也许连两颗谷子都不存在了。此外，等待需要成本，等待的过程需要消耗热量。还不如趁早吃掉这两颗谷子，再去寻找新的机会。

庄子讲过一个"狙公戏猴"的寓言故事。狙公养了一群猴子。狙公给猴子分栗子，朝分三而暮分四，众猴皆怒，若改为朝分四而暮分三，则众猴皆喜。

按照经济学的观点来看，猴子一点儿也不傻。

早上四个栗子、下午三个栗子，与早上三个栗子、下午四个栗子的意义绝对不同。

被豢养的猴子，命运也更加无常。早上还被老板表扬，明天可能就被吃掉了。

如果这样的事情发生，显然"朝三暮四"比"朝四暮三"更为悲惨。

经济学崇尚理性，即趋向利益最大化的行为才是理性的行为。

所以，从经济学角度讲，寓言里的猴子是很聪明的，它们对伙食方案进行贴现，最后选择最高贴现值的方案（当然，如果将这个方案生效的时间改为晚上，又当别论）。

效用也可以贴现

如果时间有价值的话，人们对未来的"收益"将打折扣，同样数目的"收益",现在拥有比未来拥有合算。也就是说,当下的满足要比将来的满足更有价值。效用贴现是传统经济学的基本假设之一。

"上了年纪最大的好处就是:年轻时得不到的东西,现在你不想要了。"这句话流传很广。似乎是指代爱情,也可以指代很多其他的东西。TA 依然还是 TA,可是 TA 之于你的价值已经随着时间的流逝而打折。

经济学说的贴现,不仅用于金钱,还用于"效用"。吃栗子就是一种效用,对猴子而言,第二种方案确实更好。"朝三暮四"和"朝四暮三"的贴现效用是不一样的。

摇摇欲坠的传统贴现理论

传统经济学隐含着一个假设:人是具有无限意志力的。在绝对理性前提下,人们具有完全的自我控制能力,人的选择是为了追求效用最大化。

传统经济学的完全意志力假设,主要体现在跨期选择及时间贴现中。传统经济学假定"理性经济人"以一个稳定一致的时间偏好来做出涉及跨期的决策,即贴现率在每一期都相同。人的思维、记忆力、意志力都是绝对强大的,就好比科幻电影里的超级智能机器人。

如何解释人的跨期抉择,萨缪尔森给出了一个贴现效用模型。

不懂这个模型,丝毫无碍完整的人生。姑且省去烦琐公式,把萨缪尔森的观点归纳为四点。

·**正时间偏好**

通俗地说,"时间偏好"是指"现在就要、还是以后再要"。

人们一般是"正时间偏好",也就是认为当下的快乐要比将来的快乐更有价值。

比如,新出产某款手机,明知道 3 个月后就会降价 30%,但你可能现在就忍不住想买。因为在你看来,现在就用上才过瘾。

它反映了人世间普遍存在的"时间偏好"这一事实。

奥地利经济学家庞巴维克指出:相对于未来,人们总是更偏爱眼前的满足。这其实是"正时间偏好"。

·**边际效用递减**

人们愿意把消费分散到各个时期,而不是集中在一个时期。人们更乐意在 30 分钟内慢慢吃掉一串葡萄,而不是 1 分钟全吃掉。

·**各个时段贴现率不变**

在时段跨越中做抉择时,决策者会将新的备选计划和现有计划结合起来考虑。

· 不同时段的效用是独立的

在跨期抉择中，任意时段的效用不受其他时段状况的影响。昨天吃的是豆包，明天将要吃花卷，但这两样都不会影响今天你对馒头的胃口。一个人在任意时段，对某一活动所产生的偏好都是一样的。

萨缪尔森的这个理论，看似无懈可击，其实是经不起推敲的。

传统经济学假设我们具有无限意志，可以理性地规划当下和未来。行为经济学则证明，我们是软弱的，面对"现在"的诱惑，我们的表现非常奇怪。

你会选择哪天和偶像一起吃晚餐

你最崇拜的大人物是谁？

最令你狂热的明星是谁？

一定会有吧，假设你很喜欢金城武。某天，你被一个很靠谱的组织正式告知，他们将安排你和金城武一起吃晚餐。你可以选择任意时间。

这是一件令人兴奋的事情。按照萨缪尔森的理论，没有特别原因的话，你应该今晚就和金城武一起吃晚餐。

按照传统的贴现理论，同样的 100 元钱，得到得越晚，它的价值就越低。你应该就像希望尽早收回欠款一样，恨不得现在就一起和他吃饭。

传统经济学的贴现效用模型也同样假设，人们应该拥有正的时间偏好。也就是说，理性的人应该尽可能在现在享受好东西，尽可能推迟到未来去承受坏的东西。

根据前面的介绍，我们做个小调查，你会选择什么时候和金城武一起吃晚餐？

A. 今晚

B. 半个月后

C. 十年后

调查显示，绝大部分人选择了 B。

经济学家的理论无法解释这个奇怪的现象。对于这个怪现象，小说《围城》里有过探讨：

方鸿渐在伦敦上道德哲学课时，有位山羊胡子的哲学家讲过："天下只有两种人。譬如一串葡萄到手，一种人挑最好的先吃，另一种人把最好的留在后面吃。照例第一种人应该乐观，因为他每吃一颗都是吃剩下的葡萄里最好的。第二种人应该悲观。因为他每吃一颗都是吃剩的葡萄里最坏的。不过事实上适得其反，缘故是第二种人还有希望，第一种人只有回忆。"

理论上讲，人应该像寓言里的猴子一样，先享用更多的栗子，或者先吃大葡萄。

现实中，很多人刚好和理论预测的相反：情愿从差的起点开始，先吃小葡萄，"倒吃甘蔗，渐至佳境"。而不是先来好的，然后慢慢变坏。

但是，结果漫长的演化，我们已经产生了一种叫作"希望"（或憧憬、目标）的高级思维活动。但是，希望是非理性的，因为希望本"无所谓有，无所谓无"。

主管"希望"的大脑功能区域，会缓慢释放一种令我们快乐的脑内啡。当目标实现后，就会停止分泌这种物质。

我们再来看一个相反的情形。

假设您准备去您最想去的欧洲观光，旅行社报价是5 600元。假设这个旅行社声誉相当好，所以不必考虑欺诈的问题。它有两种付款方案供你选择：

A. 一次性付费方案。在旅行之前一次付费5 600元，包含饮食、住宿、交通等项目。

B. 分别付费方案。饮食、住宿、交通等项目分别缴费，也就是消费一次，掏一次钱。加起来是5 600元。

您选哪种？

根据传统经济学的理论，我们应该尽量把负面的事情往后退。并且，钱是有时间价值的，当然是方案B合算。但行为经济学家文斯坦的研究证明，大部分人会选方案A。这与传统的贴现理论依然不符。

怪诞的"夸张贴现"

几十年前，有国外学者指出，《西游记》里的猪八戒、沙僧、孙悟空，其实是三位一体的。因为去西天取经路上只有唐僧自己。他们分别代表唐僧的本我、自我和超我，这其实是套用弗洛伊德的理论。本我，是人格中最早，也是最原始的部分，是生物性冲动和欲望的贮存库。本我是按"唯乐原则"活动的，它不顾一切地要寻求满足和快感。

在《西游记》里，猪八戒把人参果塞在嘴里，连嚼也没嚼就咽了。只能眼巴巴地看着猴哥和沙僧问："人参果好吃吗？"

贴现，在理论上是一种理性行为，但是过犹不及，过度贴现是一种愚蠢的行为。按照传统贴现理论的边际效用递减原则，猪八戒应该慢慢吃掉人参果，而不是一口吞掉。

行为经济学家马修·拉宾，曾描述了一个有关人与金钱之间存在的有趣的"怪诞现象"，即当人们在收到金钱收入之前，都能相当理性地做出储蓄规划。当收入真到手之后，人们的意志却崩溃了，钱往往会立即被花掉，拉宾称这一现象为"夸张贴现"。这说明意志力的缺乏也是人们在经济实践中选择非理性行为的原因之一。

比如，小美发誓要减肥，但小美见到美食又安慰自己：不吃饱怎么有力气减肥啊？

一年后，小美体重还增加了几斤。

传统经济学假设的人具有无限意志。但是，面对诱惑时，一些人就开始自我欺骗，意志土崩瓦解。

在经济学中，贴现率是一个中性概念，它的高低是市场上对货币的供需形势及中央银行货币政策决定的，无所谓好坏。由此，可以引申出"社会贴现率"这个概念。它是一个带有负面色彩的概念，它与人对未来的信心成反比。

电影《无间道》中有句台词："出来混，迟早是要还的！"

出来混的方式有多种，一种是做人做事规规矩矩；另一种是"钻头不顾屁股"，坑人混事。但总归有"种豆得豆，种瓜得瓜"的一天。

社会贴现率越高，现在越是重要，越会出现"短期行为"，也就是"及时行乐"。

如果你为未来投资的100元钱注定是空梦一场，那你把这100元花了买醉，也未必不是一种理性。

北方某国，过去曾是游牧民族。我有个朋友，是我国派去开发矿藏的工程师。发现该国的人民有特别好的歌舞细胞，即便是工作中也能载歌载舞，不像我们汉族人那么克制自己。那里的男人喜欢喝酒。在冬夜，甚至会有人用皮袍和你换一瓶烈酒。结果发现第二天冻死了。

许多社会现象都与夸张贴现有关，比如吸烟、酗酒、赌博等成瘾性行为。成瘾者都是明知故犯，以放弃长远利益为代价，选择当下的满足。

人人都有末日情结

我们已经有充分的理由奢谈未来，但在我们的基因里，还存在着一种末日情结。

"把每天当成世界末日来过"，这也是一种"夸张贴现"。

我们的祖先，在丛林中过着"有今天，没明天"的日子。他们在战天斗地之余，不忘歌之舞之，尽情而活。

有位朋友，家境殷实。两次婚姻失败后，就断了再婚的想法。夜夜笙歌，他曾经两次在酒后打电话向我求证："2012世界末日，到底是不是真的？"

从语气上可以感受得到，这位老兄非常渴望末日的到来。我还认识另一位朋友，半生兢兢业业，克勤克俭，却患上了癌症。他临终一直悔恨自己的一生没有及时享乐。

这两个例子，是两个极端。

每隔几年，一种世界末日的说法就开始蔓延。诸如"九星连珠""玛雅预言""霍金预言"……人们从宗教、科学、玄学等对"世界末日"预言中的蛛丝马迹进行分析，预言末世的降临。

透支人生的人，希望末日的来临。经营人生的人，恐惧末日的来临。

电影《2012》里有位老兄举着牌子，宣扬末日即将来临。这样的人，总有说对的一天，因为万物总归要归于寂灭。如果是这样，及时行乐何尝不是一种理性呢？

其实，把每一天当作世界末日，也是心理疗法之一，是调整人生方向的一种手段。"我要结婚，和最爱的人待在一起。""我要环游世界。""我要醉生梦死。""我……"

人生是短暂的，无常的。

假若明天世界末日来临，你，还会像以前一样活着吗？

类似战乱、瘟疫中的爱情故事之所以成立，是有其合理性的。今日，某大叔级企业家，突发少年狂，做出"私奔"举动，其实也是种夸张贴现，只为人生不再遗憾。

好好活着，因为我们会死很久。

第 7 章 价即是空
——心理价值与成交玄机

漂亮却不昂贵的东西就不能算是漂亮。

——凡勃伦

你所得到的叫作价值,你为此支付的叫作价格。

——沃伦·巴菲特

股神巴菲特的故乡位于美国内布拉斯加州的奥马哈,现在请一组人都回答两个问题。

1. 请问奥马哈人口超过 200 万吗?
2. 你猜奥马哈的人口有多少?

再请另一组人回答两个类似的问题。

1. 奥马哈的人口超过 10 万吗?
2. 你认为奥马哈的人口有多少?

两种情况下,你对奥马哈人口的估计会一样吗?

一个很有趣的结果是，人们在回答第二个问题时都受了第一个问题的影响，第二个问题的答案随着第一个问题数字的增大而增大。这个实验可以说明人们心理中一种常见的心理偏差，即锚定效应（Anchoring Effect）。

"心锚"漫天飞

1973年，特韦斯基提出了锚定效应的概念。他认为，人们在进行决策与判断时，常常过分强调那些显著的、难忘的证据，进而产生扭曲的认识。

关于锚定效应，最经典的证据来自卡尼曼和特韦斯基在20世纪做的一个"命运之轮"实验。

他们找了一批MBA学员，要求他们估算出在联合国里面，非洲国家占有多大的百分比。

为此，他们事先准备了一个可以旋转的"命运之轮"轮盘，把它分成100格，分别填上1到100的数字，并当着这些人的面随机转动轮盘，选出一个号码。

第一次转动"命运之轮"之后，指针停留在了数字65上。接着，让这些被试者回答这样一个问题：非洲国家的数量在联合国国家总数中所占的百分比是大于65%还是小于65%，实际应该是多少？

显然，非洲国家在联合国国家中所占的比例一定不会大于65%。但是，非洲国家的数量在整个联合国中占的实际比例应该是多少呢？

这群MBA学员给出的答案平均是45%。

接着，卡尼曼又找了另一群学生做了相同的实验。这一次，"命运之轮"停止转动后，是10，而不是65。他问：你认为非洲国家在联合国国家总数中所占的百分比是大于10%还是小于10%？

很明显，非洲国家在联合国国家中所占的比例肯定大于10%。但是，非洲国家的数量在实际所占比例应该是多少？

被试者给出的答案平均是25%。

这个实验表明，随机生成的数字也可以成为一个"锚定点"。轮盘不论转出什么数字，都会影响人的意识。虽然他们明知这个数字毫无意义，却无法不受干扰。

正所谓"先入为主"，当人们需要对某个事件做评估时，会将某些特定数值作为初始参照值，这个初始参照值像沉在水底固定船的锚一样，制约着评估结果。

"心锚"是如此的顽固而又不易觉察，要把这种"心锚"拔起，远比你想象的要困难得多。

价值扭曲引力场

《星际迷航》里有个术语，叫作"现实扭曲引力场"。乔布斯的领导风格让这个概念得以发扬光大。据说他身上有一种强大的"现实扭曲引力场",他能够摄人心魄,改变别人的决定。他不在的时候这种扭曲又会渐渐消失。

其实,很多人都能营造这种引力场。

在某个小镇,有一个"风水师",整天"软中华"不离手。不论这位"风水先生"是有意还是无意,"软中华"已经成了一个重要的"锚"。他的身价已经无形之中得到提升。

咨询业也一样,办公室开在陆家嘴还是开在远郊,并不会对咨询师的大脑结构产生什么影响,但会对企业的"风水"产生影响。客户瞬间就被催眠了,客户多花的咨询费,暗含着昂贵的写字楼租金。

精明的商家,更是擅长营造"价值扭曲引力场"。

"维多利亚的秘密"是著名的女性内衣品牌,从 1996 年起,该公司每年圣诞节前都会由超级模特代言,高调发布一款价值数百万美元的镶钻文胸。

此举不仅能吸引媒体注意,收到广告效果,更能促进相关产品的销售。

当这款文胸出现在公司产品目录上时,其实已经悄悄塞给了顾客一个价格参照系。

消费者在看到一款标价上百万美元的内衣时,心情是何等的惊诧与愤怒?再看到一款标价才几百美元,品牌一样、款式一样、质地更实用的"维多利亚的秘密",自己能够买得起,心情又是何等的安慰?多少中产阶级女性顾客的心理因此得到抚慰。

对于内衣公司来说,就算钻石内衣卖不掉,上面的钻石可以拆下来,来年继续用,几乎没有什么损失。

这其实是商家利用"锚定效应"所营造的"价值扭曲引力场"。

锚定加限时,挡不住的诱惑

有一个为中小企业管理者办的小型培训班(这类培训善于调动学员的亢奋情绪,所以也有人称之为"鸡血班")即将结束,主持人上台向学员推荐下一期的课程:怎样在一年内赚到3 000万元。

主持人先介绍主讲老师的辉煌经历,展望3 000万元的美好。然后向台下的人群问:大家觉得这课程值多少钱?

这时,一个疑似"托儿"的学员大声喊:"100万元!"

主持人呵呵一笑,说:"不用这么多。今天在座的都是老学员,只需18 888元。"

台下稀稀落落响起掌声。

主持人说:"掌声再大一些,我会给出更优惠的价格。"

掌声更大了一些。

主持人说:"现在这门课只收你们 16 888 元,如果掌声再大些,你们再喊一声好,我会给出更优惠的价格。"

掌声更大了,还伴随叫好声。

主持人开出一个新报价:"9 888 元,最优惠的价格,只针对你们噢。"

掌声更大了,并伴随叫好声、口哨声。

主持人为难地说:"这样吧,8 888 元,这是最优惠的价格了。"

掌声、叫好声、口哨声,地动山摇。

主持人非常感动:"你们的掌声让我无法拒绝,6 888 元,只限今天。"

掌声、叫好声、口哨声,地动山摇、地动山摇……

主持人非常感动:"你们的掌声让我无法拒绝,2 888 元,只限 1 小时。想报名的现在就交订金,过了这 1 小时,永远不会有 2 888 元的优惠了。"

哗——一众人等纷纷去报名交钱。

其实,很多不正规的电视购物栏目,用的也是同样的"忽悠"套路。

开头先报出一个不着边际的产品价格。接着一再找台阶降低该商品的价格,让观众产生"超值"的感觉。接着,利用限时、限购等幌子,催促观众不经大脑,尽早成交。

地产掮客如何忽悠

一位房地产经纪人透露,他最喜欢"乡下人"了。因为他们才是真正的大客户。

假设,有一位女士在老家攒了点儿钱,要帮在上海工作的儿子买婚房,恰好遇见这位中介。

这位经纪人会使出十二分的殷勤,毫无怨言地带领这位女士到处看房。

他会故意带客户看两套装修豪华、价格贵得离谱的房子。再带这位女士看一套地段相同,装修、户型稍逊一筹,但价格相比明显很便宜的房子。

其实,经纪人心里很清楚,先前那些路并不是白跑的,差不多的条件,价格贵一些的房子只是个陪衬品,是促使客户签单的"诱饵"。

接着,经纪人透露,这套房子很抢手,买得晚了就没有机会了。一般来说,这位女士会迫不及待地交订金。

菜单设计的原则

正如"维多利亚的秘密",可以通过锚定效应产生的"价值扭曲引力场",让顾客产生一种混合着愤怒的幸福感。

很多上点儿档次的餐厅,菜单第一页都是最贵的菜品。

当顾客看到这些贵得离谱的菜品，心底产生了一丝不易觉察的愤怒。再往下翻，看到了一些大众常点的菜品，与同档次的餐厅相比，价格还算公道。这时，顾客的心里产生了一种放松的感觉。这时候，客人就会变得比平时慷慨大方了。

不仅是菜单，其他商品目录的设计，也可以参考这个原则。

售货员向顾客推荐商品，也应该从贵的款式开始。如果为顾客考虑，一开始就推荐比较便宜的商品，不仅难以成交，还会伤害到一些敏感顾客的自尊心。

这几个案例说明，通过简单的排列组合，定价策略，就能创造出新的价值。价值，与其说是经济学概念，毋宁说是个心理学概念，没有比较就没有价值。

成交的关键，不是质量，不是价格，不是关系，而是"结构"。

身价之锚

传统评书中，某个人物出场，作者都会先介绍一下这个人穿了什么、带了什么兵器、骑了什么坐骑。听众也基本明白来者何人了。

一个人的配饰，就是他无言的说客、无字的介绍信，是他的身价之锚。

有位朋友身兼二职。一种身份是律师，另一种身份是大学教师。当他以律师身份出现时，开的是宝马汽车，穿的是价值几万元的西服。当他去教书的时候，就开一辆十几万元的平价轿车，衣着也很朴素。因为他在学校的同事大多开的是这个价位的汽车。他不愿自己过于招摇。

一般而言，人们的消费水平和经济收入是成正比的。所以，人们会直觉地认为消费水平高的人，他的收入水平也一定不会低。而收入水平往往反映了一个人的工作能力。所以，很多人都会根据别人的行头，"看人下菜碟"。

而作为律师，必须尊重人们的这样一种不科学的推论方式的存在，将消费水平作为自己专业能力的一种外在表达。以此来赢得客户的好感和信任，从而为自己招揽更多的案源。

更重要的是，律师的奢华行头，会让他的议价能力得到提升——客户不敢轻易压价。这位律师朋友的行头，其实就是他的"锚定点"，也是营造"现实扭曲引力场"的利器。

同样道理，一个开在民宅里的律师事务所，和一个开在核心商业区写字楼的律师事务所，客户对他们的信赖程度也是不一样的。

不要过分嘲笑"先敬罗衣后敬人"这种社会现象，对一个接触不久的人来说，别人没有义务了解你。第一印象只能从外观获得。人的座驾、手机、服饰都是无言的说客，它们能使别人信赖你和你的专业能力。

最简单、最古老、最庸俗的手段，往往是最有力的。尽管一些办法很笨拙、很生硬，但这些硬塞给别人的"锚定点"，都会成功地成为"心锚"。一个著名的心理学实验说明了这点：

亚历山大，世界古代史上最著名的征服者之一。他20岁继位，21岁远征波斯，他的铁骑曾经横扫亚欧大陆，在征服了波斯、埃及和印度北部以后，在回军途中患疟疾驾崩，终年33岁。

请问：亚历山大死于公元29年之前还是之后？

坦白地说，这个命题玩了个花招儿，硬把一个毫无意义的年份（公元29年）塞进了这个题目里。

你也可能觉得这个年份不太对劲儿，但当你要提出更正确的年份时，29这个数字已经开始影响你的判断了。

你是怎样回答这个问题的呢？事实上，亚历山大死于公元323年。

中庸的魅力

某些商品，大份与小份之间成本基本无差别。比如可乐，大杯与小杯之间的成本差别至多不过几毛钱，但是其定价相差甚远。

比如，某快餐店大、中、小三种规格的可乐，价格分别为：9元、7元、5元。

从理性的角度,应该选择"小杯"。除非你是位真正的"可乐瘾君子",否则小杯一般可以满足自己的需求。

但是,事实上在"大杯"和"小杯"两个参照值的作用下,大部分人认为选择"中杯"是最有魅力的。所以,人们经常选择"中庸之道"而忘记了真实的需求。餐饮店利润的很大一块儿,是从"中杯效应"获得的。

中杯效应:在购买饮料的时候,经常有大、中、小三种规格,很多人会在价格比对的刺激下,选择中号商品。购买其他类型商品,也会产生类似的心理,我们把这种选择"中庸之道"而忘记了真实需求的现象称为"中杯效应"。

如果你喜欢苹果胜过橘子,喜欢橘子胜过葡萄,那么你就不能喜欢葡萄胜过苹果。这是传统经济学所做假设之一。但行为经济学则证实,不同参照点会导致不同的价值评判。

"不那么奸诈"的消费心理学

商家总是挖空心思地利用顾客的心理误区,达到凭空"创造价值"的效果。

比如你准备购买一辆拉风牌某型号旅行车。在拉风公司的网站上,介绍该型号汽车有三种配置:

A. 低配版(低档配置)13万元

B. 中配版(中档配置)15万元

C. 高配版（高档配置）20万元

对于这种介绍来讲，A类不如B类好卖，选择A的人，总会觉得缺了点儿什么。如果改变说明，将会大大促进A类的销量。

A. 标配版（标准配置）13万元

B. 高配版（高档配置）15万元

C. 旗舰版（豪华配置）20万元

网上有个著名的英语培训师叫罗永浩。一次，罗先生走进"吉野家"，要了一个小份牛肉饭。

服务员客气地说："对不起，先生，我们只有中份和大份。"

罗先生问："小份卖光了吗？还是从来就没有过小份？"

服务员回答："从来没有过小份，一直都是这两种。"

罗先生很想说："既然如此，我所说的小份不就正是你所说的中份吗？为什么一定要强迫我和你一样把那碗傻傻的小份叫中份？"

当然，罗先生还不至于会难为一个服务员。但是他说，恐怕总有一天，商人们会把一模一样的那两碗饭叫作"大份"和"特大份"。这种担心不是空穴来风。从前中国的酱油分为一级、二级、三级三个档次。后来三级酱油就消失了，还是那三种酱油，名字变成了高级、一级、二级。再后来，二级酱油也消失了，改了名叫特级、高级、一级。

在某部电影里，罗先生（作为客串演员）走进星巴克，指着一个杯子说："给我来个中杯的拿铁。"

服务员很有把握地说："对不起，先生，这是大杯，那个最小的才是中杯。"

罗先生说："我不管，我就要三个杯子里的中杯。"

服务员认真地纠正道："对不起，先生，这个是大杯，这个最小的才是中杯。"

罗先生崩溃了，开始猛抽自己耳光。

商家把自己的愚蠢强加到客人头上，确实让人非常不舒服。所谓指鹿为马也不过如此吧。正如罗先生说：不要拿消费者当笨蛋！

多年前，我就撰文指出：在星巴克要买小杯咖啡！

在北京，星巴克原本有三种规格：大杯、中杯、小杯。

可是，后来菜单上的小杯消失了，只剩下中杯、大杯和特大杯。

笔者上网查了一下，得到如下信息。

在美国，星巴克出售的咖啡都分为三种规格：高杯（12盎司）、大杯（16盎司）和超大杯（20盎司）。美国星巴克的菜单上并未列出"小杯"，也很少有顾客知道星巴克还有这种"小杯"的存在。但是，如果你一定要找服务生要"小杯"，就能得到老式的 8 盎司杯装咖啡。

也就是说,在美国,星巴克是有小杯的!

星巴克的"菜单革命"或许是入乡随俗,也或许是有其他难言之隐。

"小杯"曾是星巴克很畅销的一款产品,但小杯赚钱"太少"。小杯卡布其诺的售价比 12 盎司的高杯少 30 美分,但浓咖啡的量是一样的,又因为它包含的奶泡较少,味道更浓,不少咖啡迷喜欢,这也就导致了"中杯效应"的失效。

罗先生因为自己创办英语学校,他不得不研究了一下消费者心理学。

在成立学校早期,对同一种课程,他设定一个 1 280 元的标准收费方案和另一个提供更多服务的 1 580 元的收费方案,结果前台员工不断被顾客们痛骂。

他痛定思痛,把 1 580 元方案改成"标准"收费方案,把 1 280 元的方案改成"优惠"收费方案,顾客们怨气一下消减了许多。

这其实是人类"损失厌恶"的一个有趣例证。罗先生把这称为"不那么奸诈"的消费心理学应用。

卷土重来的"傻瓜"

金融市场上的操纵者,经常利用锚定效应"拉高出货"。

某只股票上市，以6元多的发行价高开到16元，当换手率达到70%的时候，下午戏剧性的一幕上演了，股价一度上涨到50元，最后收于31元。

这种奇怪的走势也许是偶然的，但更可能是人为操纵。操纵者为什么要把当日拉高，此后又跌停？实际上操纵者是在利用行为金融学里的锚定原理，操纵投资者的心理，实现自己的诱多意图。

一些股票，本身炒作到20元就到位了，但运作者一定要炒到30元，甚至40元，然后再把价格打到20元。此时的20元价格很容易就出货。如果是直接拉到20元，没有锚定效应，反而不好出货。

股票市场有所谓"傻瓜卷土重来"（fools rallies）的说法。这其实也是一种锚定效应。在泡沫最终破裂的时候，价格从峰值开始显著下降。但是，在价格最终一泻千里之前，通常有短暂的"傻瓜卷土重来"阶段。

"参照依赖"让你对高物价变得迟钝

你今年收入20万元，该高兴还是失落呢？假如你的奋斗目标是10万元，你也许会感到愉快；假如目标是100万元，你会不会有点儿失落呢？

所谓的损失和获得，一定是相对于参照点而言的。心理学家卡尼曼将之称为"参照依赖"（Reference Dependence）。

一样的结果可以说成是"得"，也可以说成是"失"，这取决于参照点的不同。

昆仑玉在十多年前的价格不过每公斤六七角钱，自从让它搭上2008年奥运会快车——镶进奥运金牌后，每公斤可以卖到5万元，价格上涨近10万倍。

"维多利亚的秘密"专卖店里，数千美元的文胸，因为有了数百万美元文胸的衬托，会更加畅销。

啤酒虽然没有涨价，但它的瓶子越变越小了。这些都和参照依赖有关。

为何不把原价抹掉

有一些超市，如果商品减价，但是原来的价格不会被抹掉，而只是画了一个叉，和新价格形成一个对比。

商家可以直接贴标签说减价或打折，为什么总是要给消费者看它们的差价呢？

列出的"原价"和"现价"，通过比较，可以让顾客感到自己买到了便宜货。

比如，在某家超市，一条普通的单人被子标价是350元，一条高档单人被子标价也是350元，而一条豪华双人被子仍然是350元。

它们的原始价格分别是450元、550元、659元。

一般情况下,消费者会买下那条高档单人被,因为我们认为花更少的钱买更合适的东西。相比较之下,豪华双人被是三者中原价最高的一件,也是三者中最好的一个。

一些顾客开始欲罢不能,左右为难中选择了那条豪华双人被子。回家之后,却发现其实这条双人被子比想象中要大得多,很不方便,这样就会觉得还不如坚持自己当初的想法,买一条单人被子,但是事情已经这样子了。

其实,消费者是中了商家的诡计,因为商家利用顾客的参照依赖心理,诱导他们买了本来不需要的物品。

"参照依赖"导致非理性消费,"原始价格"就是让消费者感觉自己"赚了"的参照点。

这种现象时有发生,一些消费者心里明明知道这是商家的小把戏,但仍然还是会犯错误,因为"参照依赖"已经在他心中起了作用。

尾数效应

99元和100元的差距其实很小,但在商品销售中,这微妙的1元之差会导致迥异的结果。

尾数定价,又称零头定价,主要针对的是消费者的求廉心理,在商品定价时有意定一个与整数有一定差额的价格。这是一种具有强烈刺激作用的心理定价策略。这种定价策略要有一定的消费者心理基础。

有关心理学家的研究显示，价格尾数的微小差别，能够明显影响消费者的购买行为。

一般5元以下的商品，末位数为9最受欢迎。例如，原本可以定价为5元的商品，能够以4.9元吸引更多的消费者。

5元以上的商品末位数为95效果最佳。

100元以上的商品，末位数为98、99最能吸引消费者眼球。

在为数众多的商品销售中，99元的定价在遵循了上述尾数定价原则的基础上，会给消费者一种经过精确计算的、最低价格的心理感觉。有时，这种方式的定价还可以给消费者一种原价打了折扣的错觉，因此会觉得该商品比原来便宜了。

此外，从视觉上看，99是两位数，因此消费者购买评定的时候会趋向于两位数的产品。当消费者挑选商品的时候，如果是以最低价选择产品（即廉价心态），那么99元的产品一定会首先被消费者找到。如果消费者是依靠性能来挑选产品，那么，在已有购买欲望、产品性能近似或者相同的前提下，消费者购买的时候会有一个心理价位的导向作用，选择99元产品的消费者也会明显比选择100元的多。

西方人一般对尾数9最为敏感，价格以"9"结尾就很讨巧。

中国人对价格尾数更为敏感，而且多数是"五舍六入"，这样的话，把价格最后一位定成"5"就是最合适的。

根据这种消费者的心理现象，尾数定价原则在欧美及我国常以奇数为尾数，如 0.99、9.95 等，这主要是因为消费者对奇数有好感，容易产生一种价格低廉、价格向下的概念。

总之，在商品定价上，充分运用消费者的这种求廉心理，将商品价格降低 1~2 元就可以起到更好的销售效果。

交易效用

"交易效用"这个概念，最早是由理查德·泰勒教授提出来的。他设计了两个情景来考察交易效用对消费行为的影响。

情景1：一个炎热的夏天，你在海滩上纳凉，渴望能喝上一杯冰凉的啤酒。此时，你的朋友正好要去附近的一个电话亭打电话，你托他帮你在附近的小杂货店里买一瓶啤酒。他要你给他出个最高价。那么你最多舍得花多少钱在这个小杂货店买一瓶啤酒？

情景2：一个炎热的夏天，你在海滩上纳凉，渴望能喝上一杯冰凉的啤酒。此时，你的朋友正好要去附近的一个电话亭打电话，你托他帮你在附近的一家高级度假酒店买一瓶啤酒。他要你给他出个最高价。那么你最多舍得花多少钱在这家高级度假酒店买一瓶啤酒？

调查结果表明,第一种情况下统计出的平均价格是1.5美元,而第二种情况下统计出的平均价格是2.65美元。

同样是在海滩上喝同样品牌的啤酒,既享受不到高级酒店的豪华也感受不到小杂货店的简陋,为什么从酒店里购买人们就愿意支付更高的价钱呢?

其实这是消费者受到"交易效用"的影响,所谓的交易效用,是指商品的参考价格和实际价格之间的差额所产生的效用。

这是因为人们对各种商品有一个"心理参考价位"。当心理参考价位大于商品的实际价格时,"交易效用"为正,人们就感觉占了便宜。当心理参考价位小于商品的实际价格时,交易效用为负,人们就感觉吃了亏。

几乎所有的电视购物节目,都会采用"交易效用"策略。一开始先报个高价,然后不断降价,不断超越你的期待。然后催促你赶快买、赶快买!再不买就没有了,现在买还送礼品哦!

第 8 章 奇幻思维

——随机世界与自欺欺人

> 人不可自欺。你们中间若有人,在这世界自以为有智慧,倒不如变作愚拙,好成为有智慧的。因为这世界的智慧,在神看是愚拙。
>
> ——《新约·哥林多前书》

> 在我年轻的时候,人家叫我赌徒,操作规模变大之后,人家叫我投机客。现在,大家都尊称我为银行家。其实,我从头到尾做的都是同样的事情。
>
> ——维克多·尼德霍福

牛顿的学说减少了大量的迷信,帕斯卡的学说解释了厄运,青霉素的发明延长了人类的寿命。但是,存在于我们大脑里的奇幻思维与偏见依然根深蒂固。

很多运动员为提高成绩,有一套自己的古怪仪式。

大多数买彩票的群众,各自有一套守口如瓶的心灵秘学。

中国人对 8 的迷恋和欧美人对 13 的恐惧一样不可思议。

我们是 21 世纪的现代人，但我们的大脑是在史前时代形成的。世界发展很快，我们的大脑进化速度则很慢。

"奇幻思维"这个概念，是特韦斯基在 1992 年给出的：人们在行动时，错误地相信他们的行动会影响到结果（就像奇幻思维一样），但其实，他们并不相信这些，只是一种自我欺骗的意愿。

被随机愚弄

一般 MP3 播放器里，都有这样的功能选择：顺序播放模式、重复播放模式，以及随机播放模式。

我本人比较喜欢随机模式，因为它总能给我意外的喜悦。

比如，我的 MP3 里有 5 首歌曲，分别是：《忐忑》《爱情买卖》《最炫民族风》《传奇》《火》。

在真正的随机播放模式下，可能会出现这样的情形：第一首《忐忑》，第二首《忐忑》，第三首仍是《忐忑》。这时候，我的心真的开始忐忑了：我明明选的是随机模式，怎么变成了重复播放模式？

于是，我会向厂家投诉。厂家的解释说，他们已经接到很多相同的投诉，但真实的随机播放就是这样啊。后来，厂家终于不胜其扰，设计出一种看起来很随机，其实并不随机的

"随机播放模式"。

2005年1月，苹果引入了iPod Shuffle，这是一个更具革命性的创新。乔布斯注意到iPod上面的"随机播放"功能非常受欢迎，它可以让使用者以随机顺序播放歌曲。这是因为人们喜欢遇到惊喜，而且也懒于对播放列表进行设置和改动。

有一些用户甚至热衷于观察歌曲的选择是否真正的随机，因为如果真的是随机播放，那为什么他们的iPod总是回到比如"内维尔兄弟"（The Neville Brothers）这儿来？

上面这段文字引自《乔布斯传》。有时候，假的随机反倒比真的随机更像随机。这其实是一种典型的"赌徒谬误"。

赌徒谬误是一种错误偏见，认为随机序列中一个事件发生的概率与之前发生的事件有关，即其发生的概率会随着之前没有发生该事件的次数而上升。

例如，在轮盘赌中，赌徒往往认定其中的红黑两色会交替出现，如果之前红色出现过多，下次更可能出现黑色。

再如，重复抛一个公平硬币，而连续多次抛出反面朝上，赌徒可能错误地认为，下一次抛出正面的机会会较大。可是，直觉未必是靠得住的。

投资客把这种效应移植到股票市场，却认为他们发现了某种趋势。

当然，并不是说股票市场价格是完全不可预测的，在全面考虑各方面情况时,的确可以在某种程度上对价格做出预测。但是,投资客错误地假设股票价格在经过一段时间的上升之后要比经历过下跌更容易保持上升的势头,同样,股票价格经历过下跌之后要比经历过上升更容易发生进一步的下跌。

投资客从情感上希望自己坚持这种观点,同时往往忘记了数据模型仅仅是真实世界的代表这一事实。

然而,这并不是一个自欺欺人的简单例子。

在卡尼曼和特韦斯基看来,这种"赌徒谬误"错觉一直存在,甚至在人们已经认识到了这种错觉特征的情况下还是一直存在。

而且这种现象非常普遍,不仅存在于投资领域,同时还存在于其他类型的人类活动中。

例如,在篮球运动中,人们习惯把连续投篮成功的球员叫作"热手"。

如果篮球队员投篮连续命中,球迷一般都相信球员"手感好",下次投篮还会得分。

这使很多有经验的球员、教练及球迷相信球员在投中一个球之后比投丢一个球之后更容易投进下一个球。

第一次投篮和第二次投篮是否命中没有任何联系,即使卡尼曼和特韦斯基,通过统计数据证明了所谓"热手"只是人们的幻觉,球员在投中球后与投丢球后投中下一个球的概率是一样的，人们还是坚持这样的看法。

谁是这种错误理论的铁杆支持者呢？是那些有经验的球员、教练及球迷。在股市中，这种荒诞的专家并不在少数。

随机世界的赌客

物理学家说，万物起源于一次大爆炸（Big Bang），这听起来像不像在"吹水"？

100年前，有个数学家叫波莱尔，他说："无限只猴子用无限的时间去敲打字机，最后必然可以打出莎士比亚的所有作品。"

有"好事者"，设计出个"波莱尔之猴"模拟器，挂在互联网上。猴子每秒打一个字母，猴子数量随时间不断增加。据说，已经有只猴子打出了《亨利二世》中的一小段。

文章本天成，妙手偶得之。

无限漫长的时空中，数之不尽的猴子不停地敲键盘，不出几只"妙手"岂不怪哉？敲出比《哈姆雷特》更伟大的作品，也在情理之中。

怀疑，是因为我们不具备理解概率的生理结构，我们天生就是"概率盲"。

以宇宙之辽阔，产生的任何奇迹都不足为奇，都是"巨数法则"下的必然。

人间是个小宇宙，它逃不出"大数法则"。

比如，一位数学家调查发现，欧洲各地男婴与女婴的出生比例是 22∶21，只有巴黎是 25∶24，这极小的差别使他决心去查个究竟。最后发现，当时的巴黎风尚是重女轻男，有些人会丢弃生下的男婴，经过一番修正后，依然是 22∶21。中国的历次人口普查的结果也是 22∶21。

人口比例所体现的，就是大数法则。

·贝努利定理与大数法则

《猜度术》是一部划时代的著作，也是雅各布·贝努利一生最有创造力的著作，在这部著作中，他提出了概率论中的"贝努利定理"，该定理是"大数法则"的最早形式。

为了说明大数法则，雅各布假设了一个装满 3 000 枚白色石子和 2 000 枚黑色石子的瓶子，不知道每个颜色的石子的数目。

我们从瓶子中，按不断增加的数目取出石子，并在将它们放回瓶子之前，记录每枚石子的颜色。

如果我们取出越来越多的石子，最终我们会得到"接受必然的可能性"，也就是说，在实际事件上是必然的，但又不是绝对的必然——石子两种颜色的比率是 3∶2。

雅各布的计算显示，从瓶子中取出 25 550 枚石子后，则有大于 1 000/1 001 的概率使其结果与真实结果（3∶2）间的差异在2%之内。也就是所谓的"接受必然的可能性"。

雅各布宣称,我们可以对任何不确定的数量进行科学的预测了。如果我们能"先知"的话,那么我们几乎能很准确地判断"事后"事例的数目。

大数法则,又称"平均法则"。在随机事件的大量重复出现中,往往呈现几乎必然的规律,这类规律就是大数法则。在试验不变的条件下,重复试验多次,随机事件的频率近似于它的概率。

大数法则反映了这个世界的一个基本规律:在一个包含众多个体的大群体中,由于偶然性而产生的个体差异,着眼在一个个的个体上看,是杂乱无章,毫无规律,难以预测的。但由于大数法则的作用,整个群体能呈现某种稳定的形态。

· 大科学家也"扶乩"

"扶乩"、抓阄,你可以说是愚昧,是迷信,是骗术,但也可以说这是人比猴子高明的地方。

怎么证明磁场的存在?

在纸上面撒一些铁屑,拿一块磁铁,在纸下面划拉几下,一个非常直观的磁场曲线就会呈现。这与"扶乩"何其相像!

不懂几何,又记不起圆周率,怎么办?

在一个正方形白纸上画个内切圆,作为靶子,朝这幅图胡乱开几十枪。拿圆圈内的弹孔数除以圆圈外的弹孔数,所得出的比率基本接近 π 值。这其实也是大数法则在起作用。

冯·诺伊曼在搞原子弹时候,发现数学已经技穷,诺伊曼遂发明此蛮力方法,谓之"蒙特卡洛仿真法"。蒙特卡洛是世界著名的赌城,也是值得推荐的地中海边的一座美丽的旅游胜地,漫步其间,或许会有别样的感悟。

· 统计学的灵魂

大数法则是统计学的基本常识,有人称之为"统计学的灵魂"。

大数法则是保险公司、电话营销公司、电视购物频道、赌场、撞骗的骗徒赖以存在的基础。

某一个人乘飞机遇难,概率不可预料,对于他个人来说,飞机失事具有随机性。但是对每年100万人次所有乘机者而言,这里的100万人可以理解成100万次的重复试验,其中,总有10人死于飞行事故。那么根据大数法则,乘飞机出事故的概率大约为十万分之一。

这就为保险公司收取保险费提供了理论依据。对个人来说,出险是不确定的,对保险公司来说,众多的保单出险的概率是确定的。

根据大数法则的定律,承保的危险单位越多,损失概率的偏差越小,反之,承保的危险单位越少,损失概率的偏差越大。因此，保险公司运用大数法则就可以比较精确地预测危险，合理地厘定保险费率。

某小镇，很多人都从事短信诈骗，短信群发器在这个偏远小镇非常普及。当警察抓获了这批犯罪嫌疑人后，奇怪的是，过了很长时间了，居然还有人不断地往查获的卡上汇钱。

有人曾做过统计，类似这种垃圾短信，每发出1万条，上当的人有7~8个，成功率非常稳定。人过一百，形形色色。一万个人里面，总会有几个"人精"、几个笨蛋，这是可以确定的。

小数法则

几十年前的一个下午，特韦斯基教授和一位名叫约翰·杜伊的统计学教授一起喝咖啡，特韦斯基向杜伊教授请教：

有两家医院，在较大的医院每天都有70个婴儿出生，较小的医院每天有20个婴儿出生。众所周知，生男生女的概率为50%。但是，每天的精确比例都在浮动，有时高于50%，有时低于50%。

在一年的时间中，每个医院都记录了超过60%的新生儿是男孩的日子，你认为哪个医院有更多这样的日子？

我们知道，大数法则需要很大的样本数才能发挥作用，基数越大就越稳定。随着样本的增大，随机变量对平均数的偏离是不断下降的。所以，大医院更稳定。这一基本的统计概念显然与人们的直觉是不符的。

这位统计学教授果然钻进了圈套，他认为较大的医院有更多超过 60% 的新生儿是男孩的日子。

一个整天向学生灌输大数法则的教授，自己居然不相信大数法则！

大数法则是一种统计定律；小数法则是一种心理偏差。

大数法则是一种科学；小数法则是一种"迷信"。

大数法则是中性词；小数法则是贬义词。

行为经济学中的"小数法则"，其实是一种建立在经验之上的心理偏差。当一个人相信了小数法则，就难以相信大数法则。

赌徒谬误的根源

众所周知，掷硬币正反面出现的概率为 50%，在掷硬币游戏中，如果前几次大多数出现正面，那么很多人会相信下一次投掷很可能出现反面。这就是"赌徒谬误"，也是很多赌客信心大增的原因。

赌徒谬误的产生，是因为人们错误地诠释了"大数法则"的平均律。投资者倾向认为大数法则适用于大样本的同时，也适用于小样本。

赌博是随机事件。

一枚硬币,连出三把都是正面,那么下一把出反面的概率仍然不会大于50%。

从理论上讲,硬币也好,骰子也好,既没有记忆,也没有良心,概率法则支配一切。

随便到一家合法的赌场,就能看到这种赌客"猜反正"的现象:

连输几次就该赢了

连出几次红就感觉该出黑了

连出几次庄就以为该出闲了

连出几张是小牌肯定该出大牌了

……

在《超越恐惧和贪婪》一书中,行为金融学家谢夫林认为策略分析师倾向于赌徒谬误,这是一种人们不恰当地预测逆转时发生的现象。

投资市场上,一连几个跌停板之后,就会有越来越多的投资者认为市场会反弹。因为投资者认为会否极泰来,均值回归。

均值回归从理论上讲是必然的。因为价格不可能总是上涨或下跌,一种趋势不管其持续的时间多长都不能永远持续下去。然而，究竟会有多久，谁都难以预料。凯恩斯说："不幸的是，市场保持非理性的时间总比你能支撑的时间长。"

失败者没有发言权

训练1 000只猴子玩一场"俄罗斯轮盘赌"，每个月进行一次闯关游戏。

枪里装两颗子弹（这样比较接近炒股时候的失败概率）。

游戏第一季：大约300只幸存，700只猴子被淘汰。

游戏第二季：大约100只幸存，200只猴子被淘汰。

……

走到最后，只剩下10只猴子。

这其实是一位教授对巴菲特的质疑。

巴菲特说，为什么这10只猴子大部分主张价值投资呢？巴菲特的回答其实很苍白。

但在巴菲特面前，这位教授是没有发言权的。但这并不代表成功者就真理在握。

假设有一种一元硬币绝对均匀，无法作假。组织两千万群众，大家一起玩一个抛硬币的全民游戏。正面算赢，反面淘汰。每天抛一次，逐场PK。

输者罚一元钱，退出游戏。最后剩余10名赢家分享两千万奖金。

根据大数法则，第一天将近一千万人淘汰。

第二天，大约还有五百万的幸存者。

第三天，大约还有两百多万的幸存者。

第四天，大约还有一百万的幸存者。

……

第N天，产生了10名幸存者。

他们是走运呢？走运呢？还是走运呢？是他们掷硬币的技术比别人技术好吗？是他们比较聪明吗？还是他们学历比较高？

无他，运气而已，只是运气。大数法则，是偶然中的必然。

西塞罗讲过一个故事：有人拿着一幅画去传教，上面画有一群正在祈祷的拜神者，他们在随后的沉船事故中幸存了下来。其寓意在于说明祈祷能保护人们不被淹死。有个还没有信教的人问："那些祈祷后被淹死的人的画像在哪儿？"

投资市场，哪位专家能幸存下来，立刻就会成为媒体的热点。这更可能是媒体的无知，人们都喜欢用表面的东西理解世界，比如连续10年盈利，这人一定具有很深刻的洞察力。或者是媒体的噱头，为了抓住受众，夸张的溢美之词层出不穷。

这是典型的"幸存者谬误"：一个只是因为幸运存活下

来的人，成为人们心中的能人，而其他999个死者却被人们遗忘。

连抛99次硬币都出正，下次出正还是出反呢

我有个朋友是英国某著名大学的计量金融学博士，他的英文名叫Jay。每年圣诞放假回北京，我们总要聚聚。Jay的导师也是研究行为金融学的，所以，在某个聚会的场合，我就向他请教了一个问题——

一枚绝对均匀的硬币，绝对公平地掷出。连续99次都是正，接下来要再掷出一次，你认为出正的概率大，还是出反的概率大？

A. 出正概率大

B. 出反概率大

C. 各占50%

Jay很谨慎地选择了C。

在《黑天鹅》一书中，作者尼纳西姆·尼古拉斯·塔勒布也向两个人提出过这个问题。一位是"肥托尼"，一个粗俗的，靠投机钻营致富的家伙；另一位是约翰博士，一个诚实的学者。

纳西姆："假设硬币是绝对公平的。我把它抛出99次，每次都得到正面。我下一次得到反面的概率有多大？"

约翰博士："超简单！当然是1/2，因为你假设每面出现的

可能性是50%。"

纳西姆："托尼，你认为呢？"

肥托尼："很显然，不会超过1%。"

纳西姆："为什么？我最初假定硬币是公平的，每面都有50%的概率。"

肥托尼："这游戏是不公平的，这枚硬币里一定做了手脚。谁相信所谓'50%'的说法，他要么是个'草包'，要么是个'大草包'。"

纳西姆："但约翰博士说是50%。"

肥托尼趴在纳西姆耳边小声说："我在银行当保安的时候，就曾经和这类人做同事，你可以利用他们赚大钱。"

肥托尼认为，在硬币连抛99次，每次都得到正面的情况下，绝对均匀的假定是错误的。而约翰博士的回答可能代表了教科书的标准答案。

彼得·伯恩斯坦在《与天为敌》中，也提出过这个问题，给出的答案却是开放式的。

假设在某个场合，一个陌生的美女邀请你猜硬币。她让你猜，抛一次硬币会出现反还是正？赌注为100万元。

她发誓，她递给你的硬币是绝对均匀的。

你将信将疑地看着这位美女，怎么证明她的话是实话呢？

你说，在赌博之前先抛10次验证这枚硬币。

于是在你连抛了9次硬币,结果,这枚硬币9次正面朝上。

你不干了:"这枚硬币一定是动了手脚!"

这个陌生的女人又递给你一本统计学教科书,书上说,抛10次,9次朝上,这种不平衡的结果发生的概率还是比较高的。

尽管你的疑心加重了,但你还是相信教科书不会错的。

于是,你要求再抛100次硬币来检验。

你抛了99次,每次都是正面朝上!

这本统计学教科书又告诉你,100次抛掷中99次正面朝上的可能不是没有,但其概率是如此微小,以至于你费了好大劲儿才数清小数点后零的个数。

那么,你会和她赌吗?

如果赌,你赌正面赢,还是赌反面赢?

如果你赌正面赢,其实就等于认为这个硬币出正面的概率大,你冤枉了一个从理论上讲是诚实的女人。

"非线性"的世界

随机就是不确定,不确定就是风险。

风险等于选择,选择等于命运。

一个痴迷赌博的人,某种程度上是在邀天之宠,拿纸牌给自己"算命"。

在概率法则的支持下,原子弹造出来了,航天飞机冲上了外太空。

保险业、股市建立起来了，华尔街的各种金融衍生产品也搞出来了。

彩票玩法也日益翻新，欧洲的正规赌场也只有西装革履才能去消费。

风险仿佛已不再是命运之神，而是一头可以吐金子的"怪兽"，全民对"打怪"的游戏近乎迷狂。人类从对风险的敬畏，转变为盘剥。然而，这些法则和工具真的那么有效吗？

所有的统计学都来源于赌博，但真实的世界比赌场复杂千万倍。诚然，在真实世界里，有些事件和掷硬币、掷骰子一样简单，但有些则要复杂1万亿倍。

赌与投资之异同

美国的内华达州几乎全是不毛之地，然而，人类对风险的狂热，硬是在荒漠里撑起了一座赌城——拉斯韦加斯。

其实，赌博又何必非要跑到拉斯韦加斯？

买期货、炒外汇离赌有多远？拿两代人的积蓄去买房算不算是豪赌？"对赌协议"到底是期权激励还是股权赌博？

投资与赌博本质区别在哪里？这是很多商业大佬装作不懂的问题。

从理论上说，在于期望值（即预期之结果）的正负。

赌博与投资一样,都是把成本扔出去,期待并等待一个未知的收益,但"风险"不一样。

赌场警示客人:赌博无必胜,轻注好怡情。

交易所提醒股民:入市有风险,投资须谨慎。

某经济学家曾说,中国股市是个大赌场,这当然是错的!

长期来看,赌场必赢,赌客必"输"。一种结果完全确定的游戏,已经不是真正意义上的"赌"了。

投资则没有庄家优势。一次金融危机,就足以让百年银行毁于一旦。自诩"稳健"的银行家,其实是坐在火药桶上自欺欺人的一种人。

赌场的风险控制手段非常成熟,已经成为盈利非常稳定的娱乐行业。

金融业的风险控制则要复杂得多,雷曼兄弟一百多年的积累在瞬间灰飞烟灭了。

赌博是一种温和的不确定,属于平均事件;市场则是一种狂暴的不确定,属于极端事件。

赌场是已被驯服的"怪兽",市场是依然狂野的"怪兽"。

患癌症的真正概率为多少

某电视台年轻的女主持人,经过三个疗程的化疗后,依然顽强地与"病魔"做斗争。然而,就在她要做第四个疗程化疗前，几家更权威的医疗机构的检验结果出来了：这位27岁的年轻人其实患的不是癌症……

宫颈癌是一种可以通过病毒传染的癌症，我们假设宫颈癌的发病率为1/1 000，是否感染此病，可以通过检查来确认。但是，误诊率为1%。也就是说——

感染宫颈癌的概率为0.1%。

没有感染宫颈癌，却被诊断为"感染"的概率为1%。

感染宫颈癌，却被诊断为"没有感染"的概率为1%。

假设一个女孩接受检查之后，非常不幸地被诊断为"感染"。此时，她真正感染此病的概率究竟为多少呢？

A. 约90%；B. 约50%；C. 约10%。

我们可以这样推算，假设10 000人接受检查。这10 000人中仅有10人被确诊患有宫颈癌。同时，其他没有感染此病的9 990人的1%，也就是100人会被误诊为"感染"。被诊断为"感染"的110人中，仅有10人真正感染此病，概率为9%。

其实，就算原来那家医院的医生算出这年轻的女主持人90%患癌症，但事实上她患癌症的概率还是很低的。因为，如果把27岁患这种癌的概率算进去，可能会大大降低患癌的可能性。

持有"赔钱货",卖出绩优股

行为金融学家谢夫林则指出,人们持有"赔钱货",卖出绩优股的行为,其实也和奇幻思维有关。这种奇幻思维,源于人们追求自豪,厌恶懊悔的心理机制。

一般人会有这样的逻辑:卖掉"赔钱货",会造成该股票已经赔钱的"事实",承认当初的选择是错误的,会带来懊悔的感觉。再等一等,也许会变成赚钱的股票呢!至于绩优股呢,也许它还会上涨很多,尽管卖出的时机过早了,但"小赚也是赚",这会激发一种决策正确的自豪感,从而没有懊悔的感觉。

·懊悔规避

什么是懊悔呢?举个例子——

每一天,张三都走同一条路回家。

某一天,张三突发奇想,选择另一条路回家,结果被一只狗咬了,这时张三什么感觉?

假如,张三是在以前每天都走的老路上被狗咬了呢?

两相比较,因为改变而产生的那部分额外的挫折感就叫"懊悔"。

1980年,理查德·泰勒在《经济行为和组织》期刊上,首次提出了"懊悔理论"。

泰勒做了类似这样一个测试:

甲先生在电影院排队买票。到了售票口,他发现他是这家电影院的第1万名顾客，因此得到了1 000元奖金。

乙先生在另一家电影院排队买票。他前面的人刚好是这家电影院第10万名顾客，得到了1 000元奖金，而乙先生因为紧随其后，也得到了1 200元奖金。你愿意当甲先生还是乙先生？

泰勒说，出乎意料的是许多人宁可当甲先生（得到1 000元），也不愿意当乙先生（可以拿到1 200元），理由就是不想感到懊悔。跟1 000元奖金失之交臂，会让这些人痛心不已，因此他们宁可少拿200元，也要避免因为懊恼而跺脚。泰勒把这种心态称为"懊悔规避"（Regret Aversion）。

· **短线变长线**

金融界有句名言：让蹩脚的交易员放弃头寸，比让他们离婚还难！

人就是善于自欺的动物，当手里的股票变成"赔钱货"的时候，他们拒绝接受现实、壮士断腕，常常摇身一变，自称"长线"投资人。

托尔斯泰说："幸福的家庭总是相似的，不幸的家庭各有各的不幸。"

投资何尝不是如此？

赢家的际遇各不相同，输家的心态却如出一辙。通过懊悔理论和前景理论可以推导出投资失败者的一般心路历程：因贪婪而投资，因亏损而惜售，因希望而等待，因小利而放弃。如此往复，钱越变越少，而不变的只有行为方式。

· **选择性耳聋**

追求自豪、厌恶懊悔的心态会导致"选择性耳聋"。因为过分追求自我肯定，我们只会考虑与现有评估相符的信息，而忽视或刻意回避相悖的信息。

当出现全新和令人不安的真相时，就会发生认知失谐的情况，并可能对投资决策程序造成诸多影响，导致信息"选择性耳聋"。

人们还倾向于把过去的成功归功于自己的能力，而把失败归罪于外界因素。当市场走势与投资者的私人信息一致时，投资者的信心将会膨胀；而当市场走势与投资者的私人信息矛盾时，投资者的信心并不是等量地减少，因为他们倾向将这种结果归因于客观原因。

怕懊悔的鸵鸟

"鸵鸟心态"是一种逃避现实的心理，也是一种不敢面对问题的懦弱行为。人会因为害怕懊悔，而变成把头钻进沙子里的鸵鸟。

假设你是一位"彩民"，但你只能每天花2块钱买一张彩票。半年来，你每天都只买同一组号码，可惜你一直没有中奖（这太正常了）。这时，好友建议你改买另一组号码，你会改变吗？

不用解释，你也知道原来那组号码与新的号码，中奖概率完全一样。

但你知道，可能会面临两种懊悔。

第1种懊悔：不听劝，继续买原来的号码，但是新号码中奖了，你的没中奖。

第2种懊悔：听人劝，改买新一组号码，但是原来那组号码偏偏中奖了，新号码却没中。

这两种懊悔，哪一种带来的痛苦更强烈？

多数人会觉得第2种懊悔更为强烈，因为你已经对原来那组号码倾注了太多感情。

第1种懊悔，因为没有出去行动，我们叫它"忽视的懊悔"。

第2种懊悔，因为采取了行动，我们叫它"行动的懊悔"。

随大流的牛群

人是群居性的动物，只有合作，才可以战胜丛林中的豺狼虎豹。

一群原始人，就算选择错误，但只要抱团，也要比独自选择正确的方向更为有利。身处集体当中的优势能够战胜孤军奋战的劣势。

一个人必须和他人共同生存,就算大多数人是愚昧无知的。倘若特立独行,你可能会比较聪明,但也只能走向荒蛮。

人们骨子里需要一种非理性,需要"随大流",有时候特立独行是没有价值的。所以,自负的疯子常常能够吸引追随者,内省的智者缺乏吸引力。

牛群是一种很散乱的组织,平时在一起也是盲目地左冲右撞,但是当有一头牛动起来,其他的牛也会不假思索地一哄而上,全然不顾前面可能有狼或者不远处有更好的草。因此,"牛群效应"就是比喻人都有一种从众心理,从众心理很容易导致盲从,而盲从往往会陷入骗局或遭遇失败。财经类文章中,经常用"牛群效应"来描述经济个体的从众跟风心理。

政客的信条是:宁与人共醉,不要我独醒。但赌客的信条应是:宁与人共醒,不要我独醉。

市场走弱,你会依然恋战吗?市场处于底部区域,你会加仓吗?然而,在多数人一致看好时就撤退,或在多数人一致悲观时加仓,那需要多大的勇气呀!

懊悔规避和寻求自豪可以解释投资者的"牛群效应"。

人们随波逐流,是为了避免由于做出了一个错误的投资决定而后悔。

正所谓"天塌砸大家",许多投资者认为,买一只大家都看好的股票比较容易,因为大家都看好它并且买了它,即使股价下跌也没什么。大家都错了,所以我错了也没什么!

如果固执己见,买了一只大家都不看好的股票,买入之后它就下跌了,自己就很难合理地解释当时买它的理由。

此外,基金经理人和股评家对名气大的上市公司股票情有独钟,主要原因也基于此,因为如果这些股票下跌,他们因为操作得不好而被解雇的可能性较小。

斯金纳的蜜蜂

一只蜜蜂飞出去,找到花蜜后再飞回来。它会用跳舞的方式告诉其他蜜蜂花蜜的地点,然后集体出发去采蜜。

斯金纳是行为主义学派最负盛名的代表人物——被称为"彻底的行为主义者"。也是世界心理学史上最为著名的心理学家之一。

斯金纳曾经做过一个实验。他把花蜜高高地垂直放在蜂巢上面。要知道,在自然的状态下,花蜜不会那样垂直在上的。

现在,这只可怜的蜜蜂没有进化出充分的心智模式来应付这种局面,它不知道该怎样向其他蜜蜂传递这样一种信息。

你也许会想,这只蜜蜂会飞回蜂巢,然后悄悄藏在一个角落里。但是它没有。它飞进蜂巢,"语无伦次"地跳起舞来。

蜜蜂受基因的限制,不知道如何表达自己不理解的事情,只能把其他蜜蜂搞得晕头转向。

股市中也同样存在这样的人,他们胡言乱语自己不理解的事情,听信这种人的妄言,只能徒增困扰而已。其实对自己不理解的问题的最好回答是闭嘴,因为没人要求你懂得所有问题。但没有真才实学,又偏爱发言的人,喜欢头头是道地乱讲,他们和斯金纳那只乱舞的蜜蜂一样,只会把蜂房弄得一团糟。

货币幻觉

"货币幻觉"是指人们只是对货币的名义价值做出反应,而忽视其实际购买力变化的一种心理错觉。

某些长期保险合同,就是利用了货币幻觉,保单持有人会更倾向于关心保险赔付或给付货币的名义价格,而不是保险赔付或给付货币的实际价值(实际购买力),致使保险保障的实际价值被通胀逐年蚕食而不受关注。

"货币幻觉"这个概念,是美国经济学家欧文·费雪在1928年提出的。费雪在1928年出版了名为《货币幻觉》的专著,揭示人们没有意识到通胀而存在货币幻觉的错误。

有货币错觉的人在工资加倍,物价上涨也加倍,而使其在实际工资保持不变的情况下，仍有富裕了的感觉。

德国波恩大学的阿敏·法克教授，通过一系列实验，检验了不同薪水和不同物价对人类消费行为的影响。

18名被试的志愿者，被要求在计算机上执行一系列智力任务来获得他们的"薪水"。

薪水被分成两个标准，标准较高的薪水比较低的薪水多50%。他们可以在两类目录中选择商品并购买商品。两种目录除一种比另一种便宜50%之外其余相同。

不管获得薪水如何，这些志愿者的实际购买能力仍是一样。但对受试者的大脑扫描发现，在获得高薪想法的刺激下，大脑的奖赏中心更活跃。

法克教授说："这一结论意味着奖赏所引发的大脑活跃程度通常随收入增加，而且在薪水和物价都增加50%的时候，奖赏活性明显增加，这显然支持前额叶活性受货币幻觉支配的假设。"

从直观来看，货币幻觉暗示收入增加是一种价值的肯定，即使物价上涨的幅度与薪水上调幅度相同，而真正的购买力保持不变。经济学家对货币幻觉的这一概念一直表示怀疑，但是，新行为证据已改变了这一看法。

一个绝对理性的人是不应该有货币幻觉的，但在实际生活中，由于各种合同及财务核算均是以货币的名义价格计量，在持续性、低通胀的环境下经济人出现只关心货币名义数量而忽视实际价值的货币幻觉是常见的。

货币幻觉是对通货膨胀风险不知不觉或后知后觉。凯恩斯就认为人们对货币幻觉的免疫力是脆弱的,所以他在解释收入分配时假设工人不会谈判工资增长以抵消通胀。费雪和凯恩斯都把货币幻觉称为"天真的信仰"。

财富幻觉

财富幻觉是指人们高估自己的借贷能力或波动性的预期收入,而出现比以前更富裕了的感觉,由此产生过度消费的冲动,并在实际生活中增加支出。

人类对未来总是满怀预期,但未来在本质上是不可知的,充满了不确定性。

房地产具有居住和投资的双重属性,当房屋被用于投资时,房屋具有虚拟性质。房屋的预期价值就是"影子财富",当预期房价进一步上升时,投资者的这种财富就增加。但只有将房屋变现后,才能得到实际上的财富。

影子财富与实际财富的差额称作"财富幻觉"。人们往往根据名义货币额的增加而增加消费支出,这就是典型的财富幻觉。

消费者的消费支出,不仅取决于劳动收入水平或一般物价水平，还取决于对资产增值的预期。

钞票、股票和房子是居民最重要的三种资产，而房地产总爱扮演"造梦"和"盗梦"角色。

20世纪末，日本GDP一度接近美国，贡献最大的就是房地产。随后，日本人甚至发出了买下美国的豪言壮语。1989年，日本国内股票市场和房地产市场泡沫达到顶峰，日本人的财富随之大幅度增长。同时，由于日本的房地产价格非常高，使美国、欧洲等世界各国的不动产的价格在日本眼里显得非常便宜。于是，日本把大把大把的钱用于在美国和世界各国大量购买房地产。日本三菱地产公司更是收购了洛克菲勒中心80%的股权。

在财富幻觉中，日本人将工业制造所获得的利润，大量投入物业，泡沫最后随着日元的升值、出口利润的减少，以及流动性的紧缩而归于寂灭，日本经济开始衰退。

因此，房地产资产增值的预期越高，则影子财富或财富幻觉就越多，当期消费支出就越多，消费的增加刺激需求的增长，房价上涨的预期进一步增强。

反之，在经济萧条时，房价预期下跌，居民的影子财富缩水，由于财富幻觉的作用，居民消费支出减少，消费的减少导致经济的进一步衰退，房价下跌的预期进一步增强。

同样的方法可以用来分析，房地产价格降低引起的财富缩水的幻觉导致的消费减少,房价的降低通过财富幻觉引起消费降低。

次贷与房奴

次级房贷(简称次贷)是美国政府为解决低收入人群的购房问题,而提出的解决方案。那些因信用记录不好或偿还能力较弱而被银行拒绝提供优质抵押贷款的人,会申请次级抵押贷款购买住房。

美国公民吴老二经济困难,根本无法通过常规的办法取得贷款来购买他想要的住房。

但是到了 2005 年后,随着次贷行业的兴起,对贷款审批的标准大幅下调,于是,次贷公司上门向吴老二推销一间 10 万美元的住房。

次贷公司说:"你可以通过次贷方式取得购房,但必须支付 5% 的首付款,即 5 000 美元。"

吴老二说:"交了这笔钱后,就没有富余的资金来支付在交割时他们应付的那部分交割费用了,怎么办?"

于是,次贷公司说:"我们可以帮你运作一下,让开发商承担这部分费用。"

吴老二说:"不行,这笔钱还得留给孩子上学用。"

"什么?首付也不愿出?我们帮你运作一下,搞成'零首付'!"

吴老二依然摇头:"利息太高怎么办?"

次贷公司:"担心利息太高?头两年我们提供3%的优惠利率!"

吴老二依然担心,自己以后失业怎么办。

次贷公司:"这个你不要担心,头两年你只需要支付利息,贷款的本金可以两年后再付!你看,那个肌肉男都能当州长,你比他聪明多了,两年后你至少能混个经理当,这点儿月供还不是小菜一碟?我都相信你一定行!"

吴老二心动了,虽然高兴,但仍保留了一丝清醒:"我万一、万万一当不上经理呢?"

"您有点儿过于谨慎了,居然会担心两年后还不起这种小概率事件。给你明说了吧,反正这钱也不是你出的,到时候天塌砸大家,就算银行把房子收走,你已经白住两年。看吧,这房价一年涨了多少?两年后房价接着涨,你可以转手卖给别人,大赚一笔!"

在房价不断走高时,次级抵押贷款生意兴隆。即使贷款人现金流并不足以偿还贷款,他们也可以通过房产增值获得再贷款来填补缺口。但当房价持平或下跌时,就会出现资金缺口从而形成坏账。

2006年楼市兴旺时,房价高,银行办理房贷速度快,放贷量很大。西班牙有位叫墨斑的先生用自己的住房作为抵押购买了宠物店。

次贷危机后,失业率升高,房价开始缩水,就涌现了和他一样境地的无数房奴。更可怕的是,西班牙制度猛如虎,房子被银行收走后,房奴的债务却一点儿也不打折,甚至剩余债务要高于房价。

在西班牙,房子上交给银行后,房奴们还要继续还债,人财两空夜不能寐,恨不得自行了断。据西班牙消费者保护局公布的数据,2010年约140万个西班牙家庭面临房屋被收回的风险。这个数字一年比一年高,2007年时,只有2.6万人被收回房屋,2009年,这一数字高达9.3万。标准普尔此前报告说,8%的西班牙房产已缩水,价格仍将下跌,预计未来20%的房产总价值会跌至贷款总额以下。银行的还贷利率忽上忽下,房奴们的贷款越还越多,注定一辈子摆脱不了银行的束缚。一些房奴连自杀的心都有了。

可见,并不是所有国家的人都能像美国房奴一样幸福,有些国家是没有破产制度的,只能一辈子为银行打工。

阿克洛夫和希勒教授在《动物本能》一书中这样写:

很多人似乎都有一种强烈的直觉,无论什么地方的房价都只涨不跌。他们似乎真的确信这一点,因此对持有不同意见的经济学家的观点充耳不闻。如果要他们拿出论据来,他们通常会说，因为土地只有这么一点儿，房地产的价格一定会持续上涨。人口压力和经济增长不可避免地会强劲地推高房地产价格。

人们并不总是认为房价只涨不跌，尤其是在房价连续数年或数十年没有上涨的时候。虽然土地面积固定、人口和经济都在增长的故事长期以来一直很有吸引力，但只有在房价迅速上涨时才引人注目。

房价"只涨不跌"论调的吸引力在于，它往往伴随着房地产繁荣的故事，被人们口口相传，为房价暴涨推波助澜。在房地产市场繁荣时期，房价只涨不跌论广为流传，并且被它背后的直觉进一步放大。

奇奇科夫式富贵

几年前，奇奇科夫先生买进一套100万元的房子。接着，他到乡下收购了一个"马甲"——找了个老实巴交的乡下亲戚，给他点儿好处，借他的身份证来"背房"。也就是用阴阳合同，以150万元的价格，名义上卖给这位亲戚。以上涨50%为例：

房　　主	总房价/万元	首付/万元	银行贷款/万元	房价上涨%
奇奇科夫	100	20	80	—
乡下亲戚	150	30	120	50

奇奇科夫首次购房首付 20 万元，其余 80 万元银行贷款，1 年后把房子当二手房子卖给乡下亲戚（其实是左手倒右手）。

二手房子继续贷款，乡下亲戚再首付 30 万元，银行返还给甲首付 20 万元和差额 50 万元，这时甲净赚 20 万元。同时，还用乡下亲戚这个"马甲"拥有了一套房子（首付 30 万元，欠 120 万元贷款）。

接着，假如楼市急转直下，奇奇科夫可以申请破产，把房子扔给银行，此时，已经套出了 20 万元的利润。

如果楼市欣欣向荣，还可以再找个"马甲"，姑且称之为"死魂灵"，它是一个虽然已经死亡，但仍未销户的身份证。再把房子以 150 万元卖给"死魂灵"，又可以拿回 30 万元的首付，共获得利润 50 万元。

当然，减去给乡下亲戚、"死魂灵"的各种杂费，能获得大约 40 万元的利润。

这种楼价只涨不跌不是神话，只是一种人为制造出来的繁荣。

在某些国家的城市，"背房游戏"曾经是一种隐蔽的作弊游戏。通过商品住房的按揭，房地产开发商、炒房者将大量的资金从银行套出，从而成为他们的"合理利润"。

一些开发商在开盘前，会搞一个"内部认购"。通过这一举措，开发商可以非常清楚地了解到，市场上有多少人要买房子,房子能卖到多高的价位。

由此,开发商就根据认购的反馈信息,留下一定数量的房子用来炒作。假设有500套房子,市场上有400多个真正的买家想要买,开发商就卖掉350套,留下150套来炒,炒作的原理和"背房游戏"一致。

这样的泡沫,终究会有破灭的时候。

世界上没有只涨不跌的商品,房地产也是。

20世纪90年代,香港房地产泡沫破灭。

在美国,21世纪初就发生过一次住房价格的巨大泡沫破灭——次贷危机。

在中国,也曾经经历过一些局部的房地产市场泡沫,但人们似乎并未从之前的泡沫中吸取任何教训。

很多香港人的悲剧,和痴迷楼市有关。然而,谢国忠说,香港人最近的一个梦想是,能有一个内地客户前来敲门,出价几千万美元买下他的公寓,这样他就能永远快乐幸福地生活下去了。这个梦想,连同低利率一起,已经使香港的房价定格在仅低于1997年最高峰时10%的位置上。

信心乘数、作弊、货币幻觉及都市传说,依然在房地产市场中发挥巨大的精神作用。

"你不能再给香港的房价一个价格标签。"香港一名房地产行业老手说,"它就像一个宋朝的花瓶,或是毕加索的画作。我们有 13 亿内地人想要来收集。你怎么能给它贴上价格标签呢？"

忽略机会成本

机会成本，是指为了得到某种东西而所要放弃另一些东西的最大价值。

我们总是能遇到自己所喜欢的事物，但无形中要付出很高的机会成本，我们却容易忽略。

每件事都有机会成本，教授们做了件很有害的事：他们只能告诉你某个经济活动中第一年的机会成本是多少而不是整个经济活动的机会成本是多少。生活中，如果机会 A 比机会 B 好，而你只能选择一个，你会挑 A。但世上没有放之四海而皆准的真理。如果你确实聪明，也有运气，可能有机会成长为伯克希尔。

与机会成本相对应是沉没成本。所谓沉没成本，系指没有希望捞回的成本。又叫非攸关成本，追加投入再多，都无法改变大势。

比如，你买了一本《×××大全集》，很不巧，这本"大全集"又属于拼凑的那种。在阅读的过程中，你感觉很乏味，你是忍受着看完呢，还是把书扔掉去做别的事情？

如果你坚持读完，等于在看一本坏书的时候又损失了看一本好书的时间。

如果你是理性的,那就不该在做决策时考虑沉没成本,立刻起身扔掉它,去做更有意义的事情。

你在某件事上花费了许多心血、努力和资金,孤注一掷,倾注的心血越多,一致性倾向就越发会激发你如此思考:"现在应该可以了吧,如果我再加把力,说不定马上就会见成效。"

这时"损失过敏症状"出现了——如果再不努力一把,所有的心血都将化为乌有。人们就是这样崩溃的——他们停不下来,不会重新反思一下,对自己说:"我能够推倒重来。既然它搅得我心神不宁,还不如趁早放手。"

在投资中,设定一个止损点(输钱的上限),可为你在失败的时候,留下一个容许自己反思错误的空间。

第 9 章 心账理论

一个人在某一方面开销大，就应该在另一方面有所节制。比如在吃喝上奢侈，就应在衣着上节俭；在住房上讲究，就应在马厩上节省。处处都大手大脚，将难免陷于窘境。

——弗兰西斯·培根

追根究底，只有德国人才会认真谈论"规规矩矩赚钱"。法国人讲赢钱（gagner l' argent），英国人说收割钱（to earn money），美国人说造钱（to make money），而匈牙利人则是"我们到处找钱"。

——安德烈·科斯托兰尼

经典电影《毕业生》的主演达斯汀·霍夫曼，在未成名前，经济上经常捉襟见肘。

一次，有朋友来看望他，发现霍夫曼正在向房东借一笔钱。但是，当朋友来到霍夫曼的厨房时，发现桌上摆着几个罐子，每个里面都装满了钞票。其中一个罐子上写着"出借"，另一个写着"公共设施"等。朋友很好奇，霍夫曼的罐子里有这么多钱，他为什么要去借钱呢？这时，霍夫曼指着一个写着"食品"的罐子给朋友看——里面空空如也。

传统经济学认为，金钱是可以"替代"的，也就是说，每个罐子里的100元可以买到价值100元的食品。但是，人们会采取一种有悖于这种"可替代性"的"心理记账"方式，从而达到控制成本的目的。

有位美女，多年来一直用一款只能接打电话、发短信的简陋手机。直到手机坏掉了，还是不舍得换新手机，修了修接着用。但该美女对于美容服务开销很大。

并不是这手机有什么特殊意义，而是在这位美女的心中，有"美容专用账户"却没有"数码产品账户"，或者说，"数码产品账户"的预算几乎为零。这与霍夫曼不动用厨房中其他罐子里的钞票非常类似。

心智分账

1980年，理查德·泰勒教授在一篇论文中，首次正式推出了"心理记账"（Mental Account）这个概念。

泰勒是一位真正的经济学教授，也是行为经济学真正意义上的开创者。泰勒教授指出，人会给钱分门别类，贴上不同的标签，如零钱、整钱、飞来横财、辛苦钱、养老钱等。不同的钱，人们会赋予它们不同的价值，并分类进行管理。

心理记账理论，简称心账理论。它与前景理论、锚定理论，共同构成行为经济学的三大基石。

杜月笙年轻时混迹十里洋场，曾这样总结消费经验："赌是对冲，嫖是落空，吃是明功，穿是威风。"

在杜老板看来，钱可分为赌资、嫖资、餐费及置办行头的费用，并将这些账户授予不同的权重。色即是空，嫖资要尽量压低。美食是可以得到实际满足的消费，也是交朋友的手段，应该增加这方面的开支。穿衣的费用也可以增加，因为穿得得体，可以仪表堂堂。赌博则是带有风险的投资，要深思熟虑。

"话剧实验"与心理分账

1981年，特韦斯基和卡尼曼发表的一篇论文里，提出了一个著名的演出实验。

实验情境A：你打算去剧院看一场话剧，票价是10美元,在你到达剧院的时候,发现自己丢了一张 10 美元钞票。你是否会买票看演出?

这次共调查了 183 个人,调查结果是:88% 的调查对象选择会;12% 的调查对象选择不会。

实验情境 B:你打算去看一场话剧而且花 10 美元买了一张票。在你到达剧院的时候,发现门票丢了。如果你想看演出,必须再花 10 美元,你是否会买票?

这次调查共询问了 200 人,调查结果表明:46% 的调查对象选择会,54% 的调查对象表示不会。

特韦斯基和卡尼曼认为:两种实验情境出现明显不同结果的原因在于:在考虑情境 A 的决策结果时,人们把丢失的 10 美元钞票和买演出票的 10 美元分别考虑;而在情境 B,则把已经购买演出票的钱和后来买票的钱放在同一个账户估价,一部分人觉得"太贵了"改变自己的选择。为此,特韦斯基和卡尼曼引入泰勒提出的心理记账这个概念。

启动"零钱账户"

在一些廉价的长途列车上,会有列车员向旅客推销袜子、皮带、玩具之类的商品。他们经常这样游说乘客:"少抽一包烟,就能给小孩买一件益智玩具。"

"只是一包烟的价钱噢"有很强的蛊惑力,它会打动很多人。

就像一个月90元和一天3元钱,其实是同一个意思。但给人的感觉就是不一样。

两种不同的表达方式会给我们带来两种不同的心态。购买心态在受分期价格的刺激后,我们就会将这笔钱看成微不足道的小钱,就会把它当作小财对待。

"狡猾"的销售人员都善于启动消费者们的"零钱账户",大谈特谈,甚至蛊惑消费者选择自己本不需要的商品或服务。也是因为这样,商家才想出了这种以天算价格换去以年算价格的新型办法。

最初的报刊,都是按年订购价格标价的。有的人在订阅报刊时就会选择一次性地将报纸或书刊的年订购价交出,但这样的人都只是一小部分。报刊为了更大的发行量,逐渐改变了定价方式。现在的报纸、杂志,都是按照单期价格定价。

这在销售心理学中叫作"一天一便士"(Pennies-A-Day)策略。

启动"零钱账户"吸引消费者,存在于很多行业和地方。比如,某保健品打出这样的宣传语:"一天一元钱,全家人的健康顾问。"这是将那一年的费用都化为以天为单位来平均计算价钱的一个办法。

信用卡分期付款,也有异曲同工之妙。有些银行客户看到每月那庞大的欠款数字要还,就不会再使用银行信用卡。但银行告诉客户,你不用完全还款,只需每月还 10%~20% 即可。

在商业丛林中,一定成为聪明的消费者。如果不想被商家"套牢",就要具备将启动"零钱账户"转换为启动"整钱账户"的智慧。

化整为零,日行一善

启动"零钱账户",不仅可以用来诱导顾客进行消费,也可以引导人们做慈善。

李连杰的"壹基金"就是一个典型的例子。壹基金倡导"壹基金 壹家人"的全球公益理念,推广每人每月 1 块钱,一家人互相关爱彼此关怀的慈善互动模式,即每 1 人 + 每 1 个月 + 每 1 元 = 1 个大家庭。

美国哈佛大学教授约翰·古维尔教授做了一个实验,让人们真实地感受到了这种"零钱账户"的影响力。

古维尔教授将实验对象分为两组,分别提问。一组问题是:"如果邀请你为国际红十字会捐款,你愿意一年捐120美元吗?"

另一组的问题是:"你愿意以授权银行每月自动转账10美元的形式,向国际红十字会捐款一年吗?"

结果,在愿意捐款的被试者中,大部分选择了每月10美元钱的形式。

某天,你见了一个瑟瑟发抖的流浪者,当你把口袋里的零钱给予他后,匆匆离去。你量入为出,常年如此,如涓涓细流。没有任何算计与被算计、也不求回报,只是出于心底最真诚的悲悯。这种慈善常常让人感动。但有一天,有人告诉你,非洲有大批遭受饥馑的儿童需要救助,或许,你爱莫能助,因为这个拯救非洲儿童的善举已经超出了你的能力。

无论能力大小,其实有着同样强烈的消费欲望,也有着同样宝贵的慈悲心。如果支付的价格刚好不超出自己"零钱账户"的范畴,绝大部分人是乐善好施的。

外财如浮云

孔子说过:"不义而富且贵,于我如浮云。"

圣经里也有句相映成趣的话:"用诡诈之舌求财的,就是自己取死；所得之财乃是吹来吹去的浮云。"

这不只是道德的说教，还具有行为学的依据。

所谓"人无外财不富"。外财，是意外之财。从字面上已经反映出，人们在不自觉地运用了"心理账户"，把钱分为理所应得的"内财"和意外得到的"外财"。

"外财"，是相对于本分赚取的钱而言的。对于"外财"，我们总是倾向于挥霍，用于享乐。

这世界上，有人靠实力挣钱，有人用投资赚钱，也有人四处"扎钱"，有人大胆捞钱，更有人黑心圈钱。

"马走日，象走田"不同的盈利方式，会影响到人的花钱方式。

德国人的刻板与循规蹈矩是出了名的，大投机家安德烈·科斯托兰尼曾这样说——

追根究底，只有德国人才会认真谈论"规规矩矩赚钱"。法国人讲赢钱（gagner l' argent），英国人说收割钱（to earn money），美国人说造钱（to make money），而匈牙利人则是"我们到处找钱"。

安德烈·科斯托兰尼这样说，就是想扭转世人"投机得来的钱不算真正钱"的偏见。

·"赌场的钱"效应

经常玩牌的人都知道,手气不错、一开始便大获全胜的赌客,会将自己赢得的钱放到一个口袋里,将参与赌博的本金放到另一个口袋里。

赌客在赢了钱以后,就会产生一种"赌场的钱"效应(House Money Effect)。这个时候,他们往往会更具有冒险精神,下起注来大手大脚,赌得更凶。

在赌客看来,刚刚赢得的钱是"赌场的钱",而用刚刚赢的钱继续赌便是"用赌场的钱赌"。这种叫法似乎要把刚赢得的钱与其他的钱区分开来。有实验证明,赌客们更愿意拿"赌场的钱"去赌博。

在赌城拉斯韦加斯流传着一个"传奇睡衣男,行运一条龙"的故事。

一对新婚伉俪去赌城旅行,新郎在下榻的酒店睡意阑珊。突然,宛如天启,新郎脑海中不断出现"17"这个数字,于是披上睡袍,趿着拖鞋就到楼下赌场买了一个五美元小筹码。

他把5美元筹码押在"17"这个数字上。果然,小球就落在了"17"上,他得到了175美元。继而他又把赢来的钱全部压在了17上,结果又赢了,这回庄家赔了6125美元。

真是邪了门了,新郎官一直这样赌下去,赢回了2.62亿美元。

行运一条龙的新郎乐昏了头，干脆来了一场空前的豪赌，把这笔巨资都压在了"17"上。

这次，睡衣男的好运用完了。小球停得偏了一点儿，开出了"18"。

一辈子做梦都想不到的巨额财富，顷刻输得精光。新郎失落地回到客房。老婆问他："手气怎么样？"

睡衣男说："还好，只输了5元钱。"

"传奇睡衣男"到底是输了5美元，还是2.62亿美元呢？

理性地讲，不论这2.62亿美元是意外之财还是血汗钱，都是等价的，这些钱的所有权都是他的，而不是"赌场的钱"，他输掉的不是5美元，而是2.62亿美元！

"传奇睡衣男"的回答折射出，他是把赌博的本钱放在一个心理账户，把从赌场赢来的钱放在另一个心理账户。

· "股市的钱"效应

当投资客开始盈利时，"加码赌"这种心态在牛市中非常普遍。

相对于辛苦钱，人们更愿意拿着股市里赚得的钱去冒更大的风险，尽管辛苦赚来的钱与暴富赚来的钱花起来并无二致。

利文摩尔是华尔街著名的大炒家，他曾经赚到过很多钱。

但他的最大的弱点在于：赌性太强，轻视筹码的保存。他野心勃勃，进取有余，稳妥不足。当他赚到大钱后，就开始过度交易，不考虑意外的出现，忘乎所以，最后市场经常只有他一个买家，其他都是卖家。利文摩尔在 1934 年再次破产后又赚了钱，最后在彻底破产状态下自杀了。

投资大赢家罗杰斯曾经这样讲过，在股市里，很多人犯同一个错误：买了某种股票，看它涨了，就以为自己聪明能干。他们觉得买卖股票容易得很。他们赚进了很多钱，就迫不及待地开始寻找其他投资。

其实这个时候他们应该什么都不干。自信心会导致骄傲，最终导致狂妄自大。

其实此时你真的应该把钱存进银行，到海滨去玩上一段时间，直到自己冷静下来。因为好机会本来就不多，更不会接踵而来。但是，你并不需要很多好机会，如果你不犯太多错误的话。

1996 年，特韦斯基提出，心理记账是一种认知幻觉，这种认知幻觉会影响到金融市场的投资客，使他们产生非理性投资行为。

投资客与赌客的心态何其相似！从这个意义上讲，赌博与投资并无明显的分野！

无恒产者无恒心

美联储第八任主席伯南克有个外号叫"直升机"。关于如何刺激经济,他有句名言:"如有必要,可用直升机撒钱。"

假设,今天真的有人在直升机上撒钱,你捡到了 200 元。很可能你不是把这 200 元存起来,而是花掉。甚至从钱包里掏出 300 元,买一件 500 元的商品。这就涉及一个"花费率"的概念。

所谓花费率(Spending Rate),也就是经济学家所谓的边际消费倾向(Marginal Propensity to Consume),是指拿到手里的钱所花掉的比例。例如,拿到 10 000 元工资,花掉了 1 000 元,花费率就是 10%。

对花费率较早进行研究的,是以色列经济学家迈克尔·兰兹博格。

20 世纪 70 年代,以色列陆续从德国获得 600 亿美元的战争赔偿。这些赔款,被以色列政府用来抚恤被纳粹伤害过的犹太人。兰兹博格追踪了这些抚恤金的花费情况。

由于受到的伤害程度不同,受害者拿到的抚恤金额度也相差悬殊。有的人获得的赔款相当于他们年收入的 66%,而最低的赔款大约相当于年收入的 7%。因此,兰兹博格得以衡量这种意外收入,是如何影响每个人的花费率。

兰兹博格的调查结果很出人意料:那些拿到大额补偿金的人,平均花费率只有大约23%,其余都存了起来。而拿到补偿金最少的人,花费率居然达到200%。没错,就像那些"挣一个花俩"的人一样,那些拿到极小额度赔偿金的人,不仅把这笔钱花得精光,还连带地从积蓄里再花一些。

一笔小额的意外之财,反而可能让人破费更多,这是个耐人寻味的现象。

孟子说:"无恒产者无恒心。"

这句话用"豆腐西施"杨二嫂的话解释就是:"越有钱,便越是一毫不肯放松。越是一毫不肯放松,便越有钱。"

家底薄的人,反而更倾向于"人生得意须尽欢",花费率更高。结果又陷入了"你不理财,财不理你"的恶性循环。

这就是心理记账的另一奇观:整钱固若金汤,零钱风流云散。

得失微积分

如果把前景理论中的价值函数模型,与心账理论相结合,我们就会明白心智分账的规律,主动利用这种非理性,我们就会得到一种处世智慧，也就是所谓的"泰勒四原则"。

感兴趣的读者可以再研究下第8章里的"价值函数"图，也可以略过这个图，直接看结论。

把泰勒的心理记账理论，与前景理论相结合，我们至少可以得出4个推论，也就是所谓的"泰勒四原则"，它可以帮助我们实现快乐最大化、痛苦最小化。

·原则1：拆解盈利——好消息要分开说

葛拉西安在《智慧书》中忠告：施恩于某个人，要点滴渐进、累次叠加，不宜一次全给。

经常露露脸，要胜过漫长奋斗后的一鸣惊人。细水长流的给予，要胜过一次性的倾囊相助。

一些老板发现，给员工月薪7 000元，加各种补助2 000元，要胜过干净利落地一次性给月薪9 000元。

用行为经济学来解释就是：幸福感，更多取决于正面情绪出现的次数，而不是正面情绪出现的强度。

·原则2：合并损失——坏消息要一起说

细雨常润的幸福感，比久旱逢暴雨的幸福效用更大。而痛苦的感觉正好相反，正所谓"虱多不痒，债多不愁"。

企业在销售昂贵的东西的时候，尽可能地创造搭售备选件，它们才比较容易卖给顾客。

很多汽车的备选件,就是这么卖出的。有经验的汽车销售员,常常报一个加了备选件的总价格,而不是单独强调某一个备选件的价格,让您觉得和"标配版"相比,总开支没加多少。

人们会不自觉地利用心理账户,把一些"损失"合并在一起。这是"心理账户"所导致的一种叫作"合并损失"(Integrate Losses)的现象。

普通人在碰到损失或必须做某种开支的时候,潜意识里会把它们藏在更大的损失或开支里,借以逃避现实。

因为"统合损失"而破财的事例,在生活中俯拾皆是。

上档次的鞋店里,会同时卖几款鞋油,并且这些鞋油都挺贵。消费者可能会想,既然已经花2 000块钱买了皮鞋,还会在乎80块钱买盒鞋油吗?顾客的心理账户就这样被摧毁了。

旅行社开出的常常是一次性付费方案,而不是分别付费方案。饮食、住宿、交通等项目,完全可以分别缴费。但旅行是为了享受而去的,消费一次,掏一次钱,就会心痛一次。对消费者来说,反倒不如一次付费。

某个婚恋交友网站,曾经经营得风生水起。后来获得了一笔风险投资,盈利就变得非常迫切。这个婚恋网站设计出一套盈利办法——会员之间互相联系要买"邮票"才行。尽管这些虚拟的电子邮票才 2 元钱一张，但会员每支付一次，心里就难免产生一次小小的不愉快。愚以为，该网站反倒不如采用一刀切的办法一次性收费为好。比如，只要缴纳 100 元费用，就可以畅通无阻地通信。

长痛不如短痛。我们也可以积极利用这种"合并损失"进行自我管理 。比如，在比较郁闷的时候，去面对平时逃避又不得不见的人，去解决平时不愿解决又不得不解决的事情。反正已经很不开心了，何不一起解决掉？

·原则 3：大好小坏一起说

赌局中有给"喜钱"的传统，这是因为赌客在赢钱后，散去一部分钱的时候，心里不会感觉到痛。如果没有赢，让赌客出点儿"喜钱"，这时候赌客在心理上则很难接受。

民间有"打秋风"的说法，"秋风"是"抽丰"的谐音，意谓"因人丰富而抽索之"，故而也叫"打抽丰"，即指假借名义、利用关系向人索取财物或赠予的一种社会现象。

人在有重大利好的时候，就会不在意小的损失。所以，"打秋风"才会成为一种比较常见的现象。

·原则 4：小好大坏，相机而动

类似慈禧太后这种人，都是统御人性的高手，他们在进行赏罚的时候总是恩威并施。所谓"打个巴掌，给个蜜枣"。在进行惩罚之后，不忘示好，让被罚者虽痛犹甘。

但是，当得与失相差悬殊的时候，就应该分开了。如果有某个经济活动涉及大笔开支或损失，同时有某个经济活动减少了一点儿该损失，应把该经济活动单列出来。

"相对值优惠"的诱惑

在前面介绍前景理论的时候，似乎曾经有一个"得失相对论"提法——得与失是比较出来的结果。笔者曾经在网上做过类似这样的调查。

实验情境 A：今天你要买一套西装。家门口的商场的某款西装卖 1 775 元，而 2 公里外有另一家商场，同样的西装卖 1 750 元，你会不会到那一家商场买西装？

实验情境 B：今天你要买个文件夹。家门口的百货公司的文件夹卖 35 元/个，而 2 公里外的文具店，同样的文件夹 10 元/个，你会不会到文具店买文件夹？

结果是，77% 的网友选择会去买便宜的文件夹，会为了西装跑同样一段路的人却少得多，只有 30%。

虽然两者情况相同：为了省 25 元，往返多走 4 公里。实验对象在两个情境中的回答却不一样。

这其实涉及一个概念:"相对值优惠"。在这个调查中,文件夹的"相对值优惠"超过70%,而西装的"相对值优惠"还不到1.5%。

所以,两种商品虽然"绝对值优惠"相同,但对消费者的诱惑力是非常悬殊的。

我曾经看到街头某水果超市,卖的柿子为0.8元/斤,比当时市面上3元/斤的同样的柿子优惠了很多。但是,店家规定,每人限购一次,最多只卖5斤,也就是说,这种商品最多只能优惠11元。然而,排队的长龙,长达百米。恰好旁边也有家水果店,柿子同样打八折,也就是2.4元/斤,且不限购,却门可罗雀。

在这个例子里,卖8毛钱的水果超市,给出的相对值优惠高达73%,而旁边店家,显然不限购,从省钱的角度讲,只要多买,可以省出更多钱,但它给的相对值优惠只有20%。

"免费"的冲击力

我们知道,70%以上的"相对值优惠"已经很具有诱惑力了。如果我们把相对值优惠继续拉高,无限接近100%——也就是免费，那么，它产生的效果将是疯狂的。它将会严重冲击消费者的心理账户。

某市农副产品交易中心免费向市民发放萝卜，结果引来两万多市民彻夜排队，并有100多名警察在场维持秩序。不少人排队超过4个小时，只为了领到10斤免费萝卜。当时的萝卜市价每斤不超过3毛！

销售中的赠品，其实也是一种虚假的"免费"。但消费者一想到免费得到赠品，非理就会占上风。

某些时候，价格为100万元的商品房，打八折销售，效果还不如坚持卖100万元，但赠送一辆价格为20万元的轿车。这样对购房者会产生更便宜的价格感知。

商场里的"买一百送五十"是打了几折？比起七折优惠，哪个更有诱惑力呢？

在理论上讲，你花费了100元得到了150元的东西，100÷150=0.667。但是，你买东西不可能是整百的，总要有零头，送的五十也是一样，所以实际上应该在7折以上，多数都超过了7折。

同样道理，买二送一，要远胜直接打折。花了两份钱买了三份东西，每一份东西就是三分之二，就是0.667的折扣。但是，对于商家而言，赠送的商品或服务，中间还是有一定利润空间的。对消费者来说,"免费送"的诱惑力也更强。

特斯拉与沉没成本

1980年,行为经济学家理查德·泰勒首次提出心理账户概念,用于解释个体在消费决策时为什么会受到"沉没成本效应"(Sunk Cost Effect)的影响。

从理性的角度思考,沉没成本不应该影响决策。但行为经济学家理查德·泰勒通过一系列研究,证明人的决策很难摆脱"沉没成本"的影响。

10多年前,英国出版了一部皇皇巨著,叫作《20世纪人类全纪录》。这本书记录了两次世界大战、爱迪生发明电灯等重大事件。从头到尾却没有提及尼古拉·特斯拉这个人。我觉得这本书是典型的挂一漏万。

■ 尼古拉·特斯拉（1856-1943），发明家，在 19 世纪末和 20 世纪初对电和磁性做出了杰出贡献。此外，特斯拉也被认为在机器人、弹道学、资讯科学、核子物理学和理论物理学等各种领域有贡献。特斯拉从不在意他的财务状况，死于穷困且被遗忘。

特斯拉被视为"创造出二十世纪的人"。他一生取得约 1 000 项专利发明，没有他，无数影响人类生活的工具可能不会出现。但是，他的生活经历和历史成就却因为"沉没成本效应"（Sunk Cost Effect）而被世人所淡忘。

特斯拉是一位真正的天才。举个简单的例子，我们现在用的交流电就是特斯拉发明的。或许读者会问：不是爱迪生发明的吗？爱迪生发明的是直流电，真正普遍用的大功率的交流电却是这个叫特斯拉的人发明的。

但这位旷世天才一直受到大资本家（包括爱迪生的通用公司）的打压。因为特斯拉研发的颠覆性的产品会毁掉目前他们已经赚大钱的产业链！这就是资本家的沉没成本。

爱迪生为了抨击交流电，不惜在媒体上做了很多夸大其词的交流电很危险的宣传。他们的公关团队甚至动员美国政府批准了电刑，让公众把交流电与死亡联系在一起。

尼古拉·特斯拉，生前与爱迪生势不两立。死后大部分资料被销毁，因为他的天才损害了大资本家的利益。直到最近 CIA 官方网站公布了一些关于他的资料，我们才得以管窥这位奇才的风采。

难得糊涂

泰勒曾经讲过一个关于心账理论最富创造性的做法，它是由一名财务教授发明的。每年年初，这位教授都会将一定数量的钱（比如说 2 000 美元）拿出来作为预留给联合劝募会的资金。然后，如果在这一年中他发生了不愉快的事情，都记在这 2 000 美元的账上。比如，违章停车被罚 200 元，他就会决定，年底只捐 1 800 元。

做人，应懂得舍。

从某种意义上讲，施舍也是一种福气、良心。我们可以向自己征税，比如，每年拿出总收入10%的预算来扶危济困。我们姑且称之为"良心账户"。

人生在世，难免会有倒霉的时候，可能你在银行ATM取到一张假钱，却无法证明这是银行的错，也可能由于丢了钥匙，不得不请开锁公司帮你撬门，也可能停车被贴了罚款单，或者是张三李四像你借了几千块钱却一直拖着不还……诸如此类，都应有一定的心理准备。这里姑且称之为"呆账账户"。

这名财务教授的办法就是联通良心账户和呆账账户，从而化解生活中的小烦恼。这种破财消灾的自我安慰办法，你可以说是自欺欺人，也可以说积极利用非理性，难得糊涂。

一些企业，在逢年过节的时候，都会以购物卡的形式向员工表示慰问或鼓励。或许有人会问，对员工来说，直接发现金不是来得更实惠些吗？

其实，企业发购物卡而不发现金，除了避税等因素的考虑，很可能还有另一层意思。

给员工发现金还是购物卡，对于企业的财务支出而言是没有多大区别的。但是，以哪种形式发放，对员工的"心理账户"来说，就大不相同了。

企业之所以干如此"费力不讨好"的事,是有意识地利用员工的"心理账户"去"助推"员工享受他们应得的慰劳或奖励。

如果发的是现金,大部分员工往往会将它视为同工资一样的收入而存入账户不舍得消费;如果发的是购物卡,就等于帮员工开设了一个"消费专用账户",推动员工"大方"地去消费。

知止不败

损失厌恶加上沉没成本效应,可以让很多人变得不那么理智。

小到个人,大到企业,决策过程中都或多或少存在心理记账的现象。泰勒指出,人们在决策时把过去的投入和现在的付出加在一起作为总成本,来衡量决策的后果。这种对金钱分门别类地进行成本—收益分析的心理过程,就是一种典型的"心理记账"方式。

卡尼曼和特韦斯基告诫我们:"一个人如果不能平静地面对自己的损失,就会参与到他原本不可能接受的赌博中。"

赌博也罢,买股票也好,必须为克服"人性的弱点"准备一套风险控制措施，预设输赢的上限，不可贪图为赢取更多的钱或讨回损失的钱而超越这个上限。

在投资中，设定一个止损点（输钱的上限），可为你在失败的时候，留下一个容许自己反思错误的空间。

不妨细想，上回你损失大笔金钱的时候，是否因为无法控制来自心中的"诱惑"？想想身边有多少不懂得应付"诱惑"的人，终因贪念导致铩羽而归。

"屡败屡战"或许精神可嘉，亏的却是钱财。

久赌必输。在赌博游戏中，翻本心态最容易让人变得丧心病狂。不懂止损的赌徒，只是一种幻想自己必赢，表现却坚决失败的病态的人。

李嘉诚曾言，知止不败。这个"止"应该也包括"止损""割肉求存"的意思。

第 10 章 福田心造

——非理性的积极力量

> 为幸福而愚蠢,强于为不幸而愚蠢;拙劣地跳舞,强于颠踬地走路。
>
> ——尼采

> 心,就是你生活的天地。你可以活出一个地狱般的天堂,也可以活出一个天堂般的地狱。
>
> ——弥尔顿

人类最原始的情绪,几乎全是负面的,如恐惧、愤怒、悲伤。幸福感、信任感、目标感,都是人类大脑后来进化出来的东西。

从理性的角度讲,除了我们自己,谁都不应该信任。幸福,和吃一堆巧克力达到的效果是一样的。而希望,是一种

"无所谓有,无所谓无"的东西。

信任、幸福、目标,都是非理性的。但这是一种"高级的非理性",是非理性的积极力量。

庐山烟雨浙江潮

苏东坡有一首《观潮》诗:

庐山烟雨浙江潮,未到千般恨不消。

及至到来无一事,庐山烟雨浙江潮。

绝大多数人对模糊的未来,倾向于保持乐观态度。这很可能是自然演化的结果。憧憬,是一种很奇怪的东西。是一种高级的非理性,一种罗曼蒂克。得到了,满足了,憧憬也就结束了。

正如哲人所言:生命是一团欲望,欲望不满足便痛苦,满足便无聊。人生就在痛苦和无聊之间摇摆。

鲁文斯坦教授曾经做过这样一个实验:告诉一组大学生,他们过一会儿有机会得到一个吻,而且是来自自己最喜爱的好莱坞明星,另一组被告知在一周后得到同样一个令人激动的吻。

后一组学生的满足程度高于前一组,因为他们在期待的这一个星期里每天都会以非常真实的心态想象自己和最喜爱的电影明星接吻的情景，就好像已经和那个明星接吻好多次一样。

期待好事的过程，也是一种快乐，从而增强快乐的效果。比如让情人在期待的过程中提前想象相聚所带来的欢愉。再比如尽早宣布送给朋友一个礼物，如果可能实现的话，在开始就给出承诺。

有句广告词：人生就像旅行，重要的不是风景，而是看风景的心情。

更深入点，更重要的还包括旅行前的规划。

如果你和心爱的人，从几个月前就开始规划一次全球旅行，一起上网查资料、研究路线、准备旅行的装备等。那么，就比今天突然报个旅行团出游快乐得多。同样的出行花费，同样的行程，幸福度将截然不同。

当时只道是寻常

纳兰性德在《浣溪沙》中写道：

谁念西风独自凉？萧萧黄叶闭疏窗，沉思往事立残阳。被酒莫惊春睡重，赌书消得泼茶香，当时只道是寻常。

有一则爱情箴言说道：不要因为寂寞去恋爱，时间是个魔鬼，天长日久，如果你是个多情的人，即使不爱对方，到时候也会产生感情，到最后你怎么办？

世间可能会有这样的情景剧：由于对自己缺乏深入的了解，抱着试试看的心理和对方相处。等真的要离别的时候，却发现已经分不开了，于是上演了各种奇怪的分分合合的剧情。在情爱上，禀赋效应、损失厌恶同样存在。

不如抛却去寻春

有一种小昆虫叫蜉蝣，朝生暮死。

蜉蝣的一生就是唱歌、跳舞、交配，纵情声色。

假设有一种蜉蝣，自信生命很长，它苦练最佳飞行技术，积极存储过冬的食物。

但是，在日落时分，它和它的同侪一起都挂掉了。

用经济学的理性眼光看，哪种蜉蝣的生命更有价值呢？

佛陀也曾这样安慰世人：不悲过去，非贪未来，心系当下，由此安详。面对无常的人生，活在当下，是一种理性。

大儒朱熹主张："存天理、灭人欲。"可就是这样一个人，居然写了一首劝人及时行乐的诗：

川原红绿一时新，暮雨朝晴更可人。

书册埋头无了日,不如抛却去寻春。

按照传统经济学的假设,我们都应该是数学高手,整日算计,永远进不了酒吧,只会整夜整夜地权衡得失。可是,多幸运,我们还能偶尔放纵一下,喝上两杯。

入山又恐别倾城

据说,"二战"期间,英军在缅甸被日本人围困,国民党政府从云南派兵解救。事后出于答谢,英国给出两个选择:第一个选择是归还唐摹本《女史箴图》,第二个选择是赠以潜艇。

鉴于当时的国情,自然是选择后者。如今舰艇早已退休,《女史箴图》价值节节攀升。很多人为此扼腕叹息。

再如,奖励澳门三日游或者现金3 000元。所有在两者之间选择其一的获奖者当中,有相当多的人会在选择时犹豫不决,并且在选择之后又后悔自己当初没有接受另一个选择。

无论是作为奖励还是要赠予对方礼物,最好不要让接受奖励或礼物的人在多项答案中进行选择。正如仓央嘉措的一首诗:

曾虑多情损梵行,入山又恐别倾城。

世间安得双全法，不负如来不负卿。

试想一下，如果是你处于这种二选一或者多选一的奖励当中，会是什么样的心情？答案是，很多人会有一种"我放弃了另一种选择的感觉"，并且为此而患得患失，十分的不痛快。

倾覆一座城，成就一段情

一对自私、精明、算计的男女能产生轰轰烈烈的爱情吗？

张爱玲在《倾城之恋》这部作品里，安排情场浪子范柳原与爱情赌徒白流苏相遇。但是，"他不过是一个自私的男子，她也不过是一个自私的女子"，一对超级理性的男女，只能耗时间、玩爱情游戏罢了。

于是，张爱玲又把白流苏和范柳原安排在一座即将倾覆之城——战乱中的香港。

"流苏的手没有沾过骨牌和骰子，然而她也是喜欢赌的。她决定用她的前途来下注。如果她输了，她声名扫地，没有资格做五个孩子的后母。如果赢了，她可以得到众人虎视眈眈的目的物范柳原，出净她胸中的这一口恶气。"

战火会催生一种末日情绪。某支流行歌曲的歌词是：把每天当成是末日来相爱⋯⋯这种情绪，虽然夸张，却不无道理。唯其如此，人才会变得更加浪漫。

灾难会让人变得浪漫，安稳会让人变得理性。钱钟书说："老男人谈恋爱，如老房子着火，一旦烧起来就没个完。"讲的也是这个意思。青春即逝，不如投入地爱一次。

凡外重者内拙

"谁要是游戏人生，他就一事无成；谁不能主宰自己，永远是一个奴隶。"这话据说是歌德说的，但也可能是伪造的。这可能是世界上最乏味且愚蠢的格言了。

某台球俱乐部有一个球童，平时做一些给客人码球及打扫卫生的工作。有时候，个别客人也会邀他陪练几杆儿。

不久，这个乡下来的年轻人就展露出突出的台球天赋，他打台球的技术在小圈子里被传为奇谈。后来，这个年轻人辞掉工作，做了职业的赌球者。

刚开始，领先一个球，可以赢100元，落后两球则要输掉200元。

当赌注为100元的时候，这个台球神童发挥得很好。他的收入已经可以超过万元。后来，他已经不屑玩这种小彩头。

赌注为1 000元的时候，台球神童发挥得最好，他的收入也显著提高了。甚至还花了十几万元从日本买了特制的球杆。

很多慕名而来的人找他挑战，都被他一一击败。

有些他曾经的手下败将不服，将赌注提高到每个球10 000元。这个时候，台球神童开始发挥失常。

这些曾经的手下败将似乎看出了些端倪，将赌注增加到每个球50 000元。这时候，台球神童开始方寸大乱，在比赛中丢盔弃甲。

庄子早就讲过类似的寓言：有一个赌徒，用瓦器作为赌注的时候，赌技格外高超。当有人拿金属带钩作为赌注和他赌博时，他就有点儿发挥失常了。后来，又有人拿黄金作赌注和他玩，结果他一败涂地。

庄子总结说："外重者内拙。"对外物看得过重的人，理性一定会受到影响。

小的崩溃，可以防止大的崩溃

还记得黄石公园的例子吗？

对野火的"零容忍"导致了更严重的火灾。后来森林管理者干脆任由野火蔓延，除非火灾过大。他们甚至会主动放火，定点烧掉一些树木。是不是有点儿"福祸相依"的味道?

老百姓常说：小病不断，大病不犯。从来不生病，一病就要命。是不是有点儿"自组织临界"的味道?

一个很爱笑、很乖的人，可能因为一点儿挫折就突然结束了自己的生命。一个整天寻死觅活的人，反倒可能是更健康的，因为他有一种自我释放的能力。

曾经有好朋友失恋买醉，我却不去劝阻，只是任他喝醉。我不太科学地认为，小的崩溃，可以防止大的崩溃。

快乐与痛苦的重叠

有句名言说，心是一座有两间卧室的房子，一间住着痛苦，一间住着快乐。快乐不能笑得太响，否则会吵醒隔壁的痛苦。

其实，"哭"得太响也会吵醒隔壁的快乐。

解剖人类神经可以发现，人类的快乐系统和痛苦系统是重叠的。当我们感受到痛苦的时候，快乐系统也会启动，来缓解这种痛苦。

写这里的时候，已经是深夜。

突然想到，楼下便利店有一个专柜卖麻辣食品。理智告诉我，这是不健康的饮食。但想吃辣味的欲望如此强烈，还是下去买了一盒麻辣什锦。

当我品尝这些食品，就会刺激味蕾，这时，我的大脑就会释放出一种"脑内吗啡"——内啡肽，来缓冲这种痛苦。继续吃，就会释放出更多的内啡肽。持续不断释放出的内啡肽会让我感到快乐，综合成一种"痛快"淋漓的感觉。所以，嗜好辣椒、豆汁、苦咖啡，本质上都是一样的，都是一种"良性自虐"。

赌博和冒险，与吃辣椒类似，都会刺激大脑的快感中心，分泌出类似"脑内吗啡"的物质。

甜柠檬心理

我们内心总有一个声音说：我的，就是好的，不但好，而且特别好。正所谓"丈母娘看女婿，越看越满意""情人眼里出西施"。我们总会赋予我们所拥有的事物，更多额外的价值。

有句话说：选择你爱的，爱你选择的。这句话其实可以修正为：选择你爱的，你将会更爱你所选的。这就是所谓"甜柠檬"心理。

我们总会夸大自己已经得到的"柠檬"的价值。

张三认为"三星"手机华而不实，自从朋友送他一款后，他就改说"三星"手机性价比高，后来换手机了，张三又买了一款"三星"。

李四从前爱讲：好男不当兵，好铁不打钉。阴差阳错服兵役后，他开始宣扬"男人一生一定要当一次兵"。

小明认为中医落后，西医昌明，自从阴差阳错上了中医学院后，他就改说中医其实很高明。

某人结婚前对爱人不太满意，与约会时不同，婚后不断地夸自己另一半的优点。

几个加拿大心理学家通过一项实验发现，赛马场上赌客们的一个有趣的特点：一旦下了注，他们对自己挑中的马立刻信心大增起来。

当然，这些马得胜的概率一点儿也没变。同样是这匹马，站在同一个赛马场的同一条跑道上。当赌客们最终不能取消对某马下的赌注时，它的前景马上就变得乐观起来。

为自己的选择合理化，人们会不自觉地夸大选择对象的优点。

第 11 章 跨越迷障
——直觉思维与偏见重组

未经反省的人生是不值得活的。

——苏格拉底

认识自己的无知，是唯一真正的知识。

——苏格拉底

佛教有所谓"所知障"的说法，我们的很多错误，并不是源于无知，而源自我们自身的残缺。我们的愚蠢，是一种生理本能。

我们脑海中的诸多迷障（偏见），其实是与生俱来的。这导致一些时候，我们自以为在思考，其实却是在重组偏见。

不能跨越这些迷障，我们将陷入"知识越多越反动"的境地。有时候，我们知道得越多，反而越荒唐。如果方向错了，停下来就是进步。

当 2.0 的大脑遇见 3.0 的世界

柏拉图有一个著名的比喻：意识是由两匹马拉着的马车。其中一匹是大白马，代表着理性。白马表现很好。另一匹马是匹粗野的小黑马，代表着感性。黑马从不听话，车夫的任务就是让黑马不要撒野，让两匹马齐头并进。如果马不听话，车夫只需挥动鞭子，就能重新驾驭它们。

柏拉图自始至终都将意识分成理性和感性两种，柏拉图的学说对西方文化影响深远，所以整个西方文化都蕴含这一思想。

现代神经科学研究发现，我们的心智模式不是这样，柏拉图是错误的。

你见过城里民工的板车吗？那是劳动人民就地取材的杰作。

农耕时代的架子车，加上工业革命后出现的自行车，就能改装成一辆简陋的三轮车。民工兄弟再在上面安装一个电器时代的马达，就可以在现代都市的大街小巷穿行了。

柏拉图的比喻已经过时了，我们的意识是一个"混搭"系统，是由两匹马拉着的板车，上面还有现代化的制导系统。

黑马虽然瘦小,却很强悍,力量比白马强大得多。这板车很原始破旧,但还能凑合着用,因为我们别无选择。这板车上面还安装了一个看上去有点儿不伦不类的数码导航仪,它经常把我们导航到死胡同里去。

我们身上阑尾、智齿之类的部件会提醒我们,人类并不完美。如果真的存在造物主,造物重新设计人类的话,肯定不会设计成现在这个样子。

人类就是一个就地取材拼凑而成的物种。我们身上既有爬行动物的部件,也有高级灵长动物的部件。

从农业时代到工业时代,不过才几百年。

不用穿越到过去求证,与漫长的宇宙历史相比,从史前时代到如今,不过是很短的一段时间而已。

现代人的大脑和原始人比起来,并没有太大的进步。如果说原始人大脑是 1.0 版本的,我们的大脑至多不过是 2.0 版本的。而现实世界至少已经是 3.0 版本了。

我们人类大脑"原装"的思维方式经常导致怪诞的行为,需要通过"升级"和"打补丁"来完善。

死一个人是悲剧,死 100 万人只是统计数字

小布什要对伊拉克动武,很多议员表示反对。

小布什:"我们务必要灭掉 100 万个伊拉克人和一个修自行车的。"

议员们问:"为什么要杀一个修自行车的?"

小布什:"瞧,我都说了没人会关心这 100 万伊拉克人吧!"

历史上,那些不幸的将相王侯的死、才子佳人的死,总让人不胜唏嘘,甚至流下几滴眼泪。但在同样的年代,可能有数以千万计的百姓被活活饿死了,我们却没有太强烈的悲哀。

一个人的死是一个悲剧,千百万人的死却仅仅是个统计数字,行为经济学称之为"执着于代表性"。

律师在进行说服力训练的时候,会注意增加说服性细节。比如,在辩护的时候,一句话有两种措辞方式:

A. 被告离开事发现场。

B. 被告害怕惹来麻烦,匆匆离开事发现场。

你认为哪句话更具有说服力:_____

作家在进行写作技巧训练的时候,也会渲染情节,将读者带入虚拟真实。

A."狐仙"离去,书生死了。

B."狐仙"离去,书生终日思念,在郁郁中病死了。

你认为哪一个更真实(假设真的有"狐仙"):_____

事实上,书生终究会死。也许另结新欢,慢慢老死。也许会死于无妄之灾。

我们再做一个测试:

李丽是一位28岁的单身女性,聪颖机敏,性格直爽。她主修哲学,在念大学期间,就关注社会公平、环境保护等问题,曾参加过倡议保护藏羚羊的活动。

你认为,以下哪个选项最可能符合对李丽的真实描述?

A. 李丽是一位杂志主编。

B. 李丽是一位杂志主编,同时是一位NGO(非政府组织)成员。

请选出你的答案:_____

卡尼曼曾经多次做过类似的测试,平均85%的被试者选择了B。

其实B已经涵盖了A。你选择B,就等于承认A。

卡尼曼总结:随着情景中细节的增加,该情景发生的概率只能降低。但由于多数人更注重代表性,它的可能性在上升。

思维,快与慢

某天,卡尼曼教授和你不期而遇。他出了一道题考考你,要你在10秒内给出答案。

一支球棒和一颗球合计要价 1.1 美元。球棒比球贵 1 美元，请问这颗球要多少钱？

你可能马上回答："0.1 美元。"

卡尼曼说：恭喜你，你跟超过五成的哈佛、麻省名校高才生一样，都答错了。正确答案是 0.05 美元。

这个小测验印证了他的推论：多数人都懒得"动脑"，习惯相信直觉给的快速答案，因而也容易被直觉误导，犯下错误。

人类心智的运作方式，主要通过两种不同的思维系统，交互运作而产生。

· **系统 1：自动的、快速的、基本直觉式的思考**

比如，有经验的导演，会在现场即兴改动剧本，有经验的演员，也会按照导演的要求，尽快入戏。学会游泳的人，不会去计算怎么蹬腿使得自己浮起来，却能用最省力优美的方式游动。这些，都需要直觉思维。

直觉思维是我们最常使用的思考方式。我们平常所做的大部分事，因为经常重复，已经变成很熟练的活动。比如我问你，三乘以七等于几，你会毫不犹豫地回答是二十一。但如果问你二十一乘以三十一等于几，这个时候，回答就没那么快速了，因为你得花工夫去计算，这就进入了另一套思维系统。

· **系统 2：慢、比较费力、讲究逻辑，能够控制和纠正我们行为的思考**

人们通常认为，主导我们思维的是系统 2，其实，大部分情况下，主导我们的都是直觉的系统 1。

游泳、开车、走路、聊天，这些日常活动都已经很熟练，所以可以靠直觉自动运作，甚至可以"不经大脑"。

人类日常生活里，最主要的思考运作，包括即时的反应、联想或情绪等，都是系统 1 在处理。系统 2 比较少派上用场。但是，遇到真正重大的决策，我们或许应该慢下来，启用思维系统 2。

荒唐而又神奇的直觉

我们的大脑，在调用记忆的存储时，会赋予鲜明的、典型的、深刻的记忆优先的权重。

有人曾在欧洲做过一项调查，先问第一组受访者："你愿意付多少钱，买一份 10 万欧元、不问原因的死亡保险？"然后又问第二组："你愿意付多少钱，买一份 10 万欧元、因为'恐怖主义袭击'造成的死亡保险？"

调查结果是：人们对于第二组愿意付出的保费，竟然远比第一组更多。

通过简单的推理就可以知道，第一组覆盖的理赔范围更广。但欧洲人已经被"恐怖主义"搞得如同惊弓之鸟，更加执着于后者。这就是直觉思维荒谬的一面。再看一个类似的例子。

未来5年，你认为最可能发生的事件是：

A. 美国与俄罗斯爆发核战争。

B. 美国与俄罗斯爆发核战争。一开始，美国只是与俄罗斯争夺一些战略能源，产生了小的军事摩擦，随着双方军事冲突的日益升级，时局失去控制，终于爆发了核战争。

请选出你的答案：_____

这个测试更加有迷惑性，因为B项会迎合人们的直觉。

人的大脑并存着"快与慢"两套决策系统，它们各有优劣。

一些问题，如果无暇去深思熟虑，依赖直觉可能会比生硬的理性分析效果更好。

用行为经济学的观点来看，人的意志是有限的。如果所有的事情都经过缜密的逻辑思维，不仅大脑处理信息的速度跟不上，恐怕最终也将因不堪重负而"死机"。

直觉是一种必要的思维机制，它走的是一种捷径。

当你遇见一个亿万富翁，富翁拿出他的存折给你看："我在瑞士的账户上存了一个亿。"不用一秒,你就明白不对劲儿。富翁何必要拿着存折到处证明自己富有?大脑在瞬间就做出"不对头"的反应,这就是直觉神奇的地方。

但是,我们没有理由去期待和相信,问题越重要,直觉反应的能力越高。对于一些关键问题,我们还是要调用逻辑思维。

偏见也是一种"导航"

泰勒在接受媒体访问时,曾举过一个例子:"在美国,有一个非常经典的例子就是,如果你问别人,是自杀比较普遍还是他杀比较普遍?人们会说他杀更普遍。但是事实上,自杀更为多见。造成偏见的原因,正是媒体的作用,因为谋杀在报纸上出现得更多。"

偏见,说到底,是大脑处理信息所采取的一种方式。

大脑不能在每一种新环境下仅凭片段就开动,它必须建立在从前所收到过的信息基础上。

所以,偏见并不是从本质上就有害。它为大脑不断地理解周围复杂的环境提供了捷径。

看到老年人上网,马上联想到他们可能需要帮助;看到一个人头大脖子粗,就会联想到大款或者伙夫。

但是，因为偏见给我们提供了对某一群体成员特定的预期，它也可能对我们的认识与行为有不利的影响。

这种认同偏见背后的心理因素，对我们的决策，有着重大的影响。

偏见的因势利导

同样的食物，装在精美崭新的瓷器碟子里，与装在快餐店反复使用的塑胶碟子里，其味道、营养并无不同。但吃饭的人却会觉得前者更美味。

心理预期会改变我们的感知。行为经济学家发现，非处方药品的价格与疗效有着非常明显的关系。

比如，一个最近备受疼痛折磨的人，他吃20元10片装的阿司匹林，和吃2元钱10片装的阿司匹林，效果会有明显不同。

人们受疼痛折磨越多，对止痛药品的依赖也越大，这种关联感也就越强烈：价格越低他们感觉受益就越少。

病人宁愿相信，一分钱，一分货，你付多少钱，就有多大疗效，价格能够改变体验。

人类使用"安慰剂"的历史已相当悠久。现代人看来愚昧的东西，古代却很盛行。越是难搞的东西越是疗效神奇：比如成对的蟋蟀、木乃伊的粉末、西班牙苍蝇之类。病人满怀希望地吃下去，最后，多数病人病情缓解了，一些病人康复了，有的甚至还平安地度过了诸如鼠疫、猩红热等"鬼门关"。

价格提升价值

古代中国认为白玉才是宝石之王，平民百姓不得拥有玉。

西欧文明认为琥珀是宝石之王，为皇室所专用。

两河流域文明以猫眼石、祖母绿为宝石。

钻石逐渐崭露头角，始于法国国王路易十四获得了一颗大蓝钻。路易十四给它取名为"希望之星"。彼时路易十四是"万王之王"。上所好之，下必效之。钻石才开始流行开来。

今天，钻石已经成为举世公认的宝石之王。

新疆和田玉的价格，已连续10多年每年升值50%以上。理由无它：不可再生资源，越来越少了。

全世界只有一个和田，其玉石资源也是有限的，自然会越来越稀缺。

然而，市面上、电视购物频道上，却让人感觉和田玉越来越多了。

原来，所谓"和田玉"的国家鉴定标准，是按照其成分，而不是产地作为考量。也就是说，你这块玉石哪怕产在阿富汗，如果矿物质成分符合高价标准，同样也可以称为"和田玉"。

笔者愚钝，自初中时代，就对政治教科书"商品价值是凝结在商品中的无差别的人类劳动"一说感到困惑，至今仍未了然。

目之所及，到处是价值和价格经常背离的怪现象。价格和价值，到底谁主导了谁，真不是一两句话能说得清的。

奢侈品与材质无关

凡勃伦在1899年出版的《有闲阶级论》中指出："一切珠玉宝石在感官上的美感是大的。这些物品既稀罕，又值价，因而显得更加名贵。假设价格低廉的话，是绝不会这样的。"

可可·香奈儿女士是一位了不起的天才，她将凡勃伦的这一理论付诸实践。

20世纪20年代，香奈儿率先推出了一种混合着彩色玻璃、塑料的人工珠宝，其定价不亚于天然宝石。

这么廉价的材质，这么昂贵的定价，自然会引起很多质疑之声。

■ 可可·香奈儿（Coco Chanel，1887-1971）法国先锋时装设计师，香奈儿（Chanel）品牌创始人。被遗弃的私生女，在孤儿院学会了缝纫。Coco 是她在夜总会做歌手时候的艺名。她一生未婚，私生活多姿多彩。

香奈儿的回应堪称妙绝："为什么非要为钻石迷狂呢？干脆在脖子上挂一张等值的现金支票岂不是更好！"

自此，人造珠宝开始成为奢侈品的新宠。可可·香奈儿开创了一个"人工珠宝"的新时代。

香奈儿女士的人工珠宝成功了将近 100 年后，大众心中的疑云仍未散去。

意大利奢侈品牌 GUCCI 总裁帕特里齐奥·迪马可，在接受法国《论坛报》采访时说：LV（路易威登）帆布包的材料成本才11欧元1米，我们GUCCI（古奇）皮包的材料可比他们贵多了，成本要150欧元1米。

此言一出，舆论大哗。

根据《时代周报》记者调查，意大利知名品牌Armani部分产品在中国代工，在剔除设计成本后，实际上，Armani的代工成本是很低的。例如，生产一套西装用料成本大约仅为90~210元，市场价却在5 000元以上，差距超过10倍。

报道中隐约混合了羡慕、忌妒、恨的思绪。

若论材质，现代所谓的"奢侈品"与中国古代的瓷器相比又算得了什么呢？

一件乾隆粉彩镂空瓷瓶，拍出了5 160万英镑的价格，其用料不过是一抔泥土。

美而不贵，等于不美

按照常识，在商品降价以后，商品的销量才会上升，但是在现实生活中，一些真实存在的案例，却与我们的常识相悖。下面这个老生常谈的真实案例，出自西奥迪尼教授的《影响力》一书。

在印度首都新德里，有位出售饰品的女商人，她手里有一批难以卖出的绿松石珠宝。

当时正是旅游旺季,而商店里的顾客络绎不绝。绿松石珠宝虽然有着其天然宝石的价值,然而无论如何也销量不佳。

为了将这些绿松石珠宝卖出,她想到了很多方法:

她把这些绿松石珠宝摆放在中心位置。用来引起顾客的注意,但却无济于事,没有奏效。她甚至还强调让营业员大力推销这些绿松石珠宝,但仍然一无所获。

最终,在她出城采购的那天晚上,她万般无奈,给店里的营业员写了一张字迹潦草的便条:"这个盒子的所有商品,售价均乘以1/2,希望借此将这批没有了任何希望的绿松石珠宝卖出,就算亏本也行。"

功夫不负有心人。时隔几日,当她再次回到商场时,所有的绿松石竟然都被销售一空。

然而,她得知的是另一个惊人的消息,营业员在没有看清楚她的字条的情况下,出奇地将绿松石标价改为:原价乘以2。

在这个案例中,这其实是人类的"价格=价值""昂贵=优质"的直觉思维有关。绿松石价格暴涨两倍的举措,反而令一直销售惨淡的绿松石迅速被销售一空!高高在上的价格,彰显了这种宝石的内在价值。

奢侈的对立面是什么

在《MBA教不了的创富课》一书中,作者老雕认为:消费者的审美不自信,是奢侈品获得品牌溢价的秘密所在。老雕在自己的公司门前,贴了一张告示:拿"驴包"(LV包)和"哭泣包"(GUCCI包)者,禁止入内。

为什么要这么做?

可能是因为老雕与奢侈品公司一样鄙视暴发户吧。

香奈儿女士对什么是奢华和时尚,参悟得最为透彻。她的一句名言或许能解释很多困惑:"奢侈的对立面不是贫穷,而是粗俗。"

美国经济学家凡勃伦最早注意到,某些商品,定价越高越受追捧。这种现象被命名为"凡勃伦效应"(Veblen Effect)。

举例来说,一只手工制银汤匙的价格要几百元,就实际用途而言,它比机器制银汤匙并没有什么优势,甚至比不上某种"贱"金属汤匙,比如不锈钢的机器制汤匙,而后者的价格只需5块钱。

此外,就实质与色彩而言,手工汤匙并不见得大大地超过机制汤匙。一种需要批量生产的汤匙,它在模具上下的功夫,并不会比纯手工制作的汤匙少。

■经济学家凡勃伦的漫画像

在古代欧洲，富贵人家的小孩出生，亲朋会送银汤匙做贺礼。所以，西方有所谓"嘴里含着银汤匙出生"的说法。

我们假定某种机器生产的汤匙非常精巧，和手工制汤匙几乎没什么两样，只有精于此道者的专家通过仔细观察才能识破。

这种机器制作的银汤匙当然便宜。这时，有个人图省钱，买了一个机器制作的银汤匙送人做礼物。结果可能是皆大欢喜：花小钱，办大事，收到了同样的添彩效果。

可是，这一造假情况一旦被识破，那么，这件物品的效用，包括使用者把它当作一件艺术品时所获得的满足，将会大打折扣。

钻石，只是一种成分为碳的矿物质而已，它的境遇和手工银汤匙非常类似。

来点儿神秘感，才有溢价

很多人对欧洲服饰品牌的暴利充满艳羡，这其实大可不必。

同样品质的服饰，在中国加工的服装，是否贴上欧洲的商标，对于消费者的体验大不一样。

传说，1972年中美建交时毛泽东主席会见尼克松，将四两母树大红袍赠给尼克松总统，尼克松觉得毛主席小气。周恩来总理察觉到尼克松迷惑不解的神情，马上迎上前解释道："武夷大红袍是中国历代皇家贡品，一年只有八两。"有了这种传闻，极品大红袍茶叶的价格自然不菲。

奢侈品需要讲故事，正如古代中国的瓷器在欧洲的身价。乡邻眼中没有圣人，这需要"外来的和尚"，并附着一个美丽的传说。中国的奢侈品也只能在瓷器、景泰蓝、丝绸、茶、白酒之类的东西上发力了，这是宿命。

盲从权威

有两个飞机驾驶员，一正一副，正驾驶员驾龄长，经验丰富，是权威人物。副驾驶员已经训练了很长一段时间，他的职责就是防止坠机。

正驾驶员做了一些连外行都能看出来足以导致坠机的操作。但副驾驶员只是安静地坐在那儿，因为正驾驶是权威角色。

别担心，他们没有坐在飞机里，他们只是在做实验。还好，这只是个心理实验。他们只是在模拟状态完成了这个实验。实验的统计结果是，25%的情况下，飞机都会坠毁。

米尔格兰姆是一位杰出的心理学家，曾做过一个闻名于世的心理学实验。

在这个实验中，有一个扮演权威的人，他告诉被实验对象，他们必须对完全无辜的人持续施予电击。令人惊讶的是，即使被实验者开始变得紧张与动摇，当他们被命令施予最大电击的时候，有超过三分之二的人还是会照做。

米尔格兰姆的这个电击实验非常有名，以至每一本入门级的心理学教科书中都有收录，而且成为对流行文化产生重大影响的少数行为研究之一。

米尔格兰姆想通过这个实验展示希特勒是如何成功的。从米尔格兰姆实验的结果来看，希特勒的成功并不难理解。很大一部分原因是政治正确和权威的过度影响力。人类天生具有服从权威的倾向，即使这服从是错误的。

改革总是危机驱动

改革有两种可能，第一是成功，第二是失败。

改得比以前好，这是一种"获得"，公众内心的满意度并不会太强烈，甚至会认为这是理所应当的。

改得还不如以前，这是一种"损失"，老百姓内心的不满会变得很强烈，极端情况下甚至会激起民变。

老子出身于没落贵族之家，他是想当"帝王师"的。老子认为，治大国若烹小鲜。对于公共政策，他给出的建议是"食鱼勿翻"——一项政策只要还能凑合，就先凑合着，不要变来变去，折腾老百姓。

当然，"食鱼勿翻"，不是不翻，而是不要勤翻。当"鱼"必须翻的时候，一定要去翻。所以，"摸着石头过河"也反映了一种传统智慧。

1978年，小岗村一帮饥饿村民，按手印签下生死文书，把集体土地"私分"了，所产的粮食在交够国家征收数额之后，剩余的粮食居然还能养活一家人。家庭联产承包责任制从此在全国推广开来。这其实也是一种"反射效应"，是被饥饿逼出来的生死抉择。

"反射效应"也可以解释,制度变革为什么多是"危机驱动",而不是"利益驱动"。

一致性倾向

20世纪60年代中期。美国心理学家乔纳森·弗雷德曼等人做了一组研究。

首先,他让研究人员假扮成义工,在加州的一个居民区内挨家挨户地向居民们提出一个荒唐的请求:希望这些居民允许他们将一块公共广告牌竖在他们门前的草坪上。为了让这些居民了解广告牌竖起来之后会是什么样子,他们给居民们看了一张照片。在这张照片上,一栋漂亮的房子几乎被一块很大的广告牌遮得严严实实,广告牌上歪歪扭扭地写着几个字"小心驾驶"。可想而知,这一地区的居民大多数(83%)拒绝了这个要求。

同时,另一组实验也在进行,不可思议的是,另一个社区的居民却对此提议赞同,他们当中有76%的人同意将他们门前的草坪贡献出来。这些人之所以会如此慷慨,是因为在此两个星期之前,另外一个"义工"登门拜访,请他们接受并设法展示一块3英寸见方的小牌子,上面写着"做安全司机"。这个请求实在不算什么,所以几乎所有的人都答应了。但这个请求所产生的效果是惊人的。就因为两个星期之前他们不经意地答应了一个微不足道的安全驾驶的要求，致使两个星期之后他们轻易地答应了竖起一块超大广告牌的请求。

乔纳森·弗雷德曼的研究并没有就此结束。他们又在另一社区的居民身上做了一个大同小异的实验。他们首先请这些居民在一份名为"让加州保持它的美丽"的请愿书上签名。当然几乎每一个人都签了名，因为一个州的美丽，就像高效率的政府或健全的产前保健一样，几乎都是没有任何人会反对的问题。半个月后，弗雷德曼又派了一个新的"义工"去这些居民家里，要求把那块巨大的"安全驾驶"的牌子竖到他们门前的草坪上。

这一组实验的结果令他们始料不及，居然有将近50%的人答应了这个请求。尽管两个星期之前他们做出的承诺并不是关于交通安全，而是关于另一个公益事业主题——美化环境的。

这个结果，就连弗雷德曼本人都始料未及。为什么一个签名支持美化环境的不起眼的行为会使人们答应另外一个完全不同而且分量重得多的请求呢？在考虑并排除了其他很多原因之后，弗雷德曼认为：这些人在美化环境的请愿书上签了名之后，就改变了对自己的看法，他们觉得自己成了按市民公约办事、急公好义的人。两个星期之后，当有人要求他们为公益事业做另一件事，也就是展示这块"安全驾驶"的大牌子时，为了使自己的行为和刚刚形成的自我形象相吻合，他们立刻答应了这个请求。

这其实是人类行为学中"一致性原理"在起作用：一旦我们做出了某个决定或选择了某种立场，就会面对来自个人和外部的压力迫使我们的言行与它保持一致。

人们总是本能地寻求平衡、和谐、相同、没有冲突和可预见性，行为学上把这种需求称为一致性倾向。

因为任何不一致都会被人们视为心理上的不适。换句话说，不一致会使人产生心理紧张，就像口渴和饥饿一样。在这种情况下，一个人便会寻找可预见性和一致性，以便减轻这种紧张。

在投资过程中，要认清"一致性倾向"的误判心理。例如，如果持有的个股上升到超出合理区间的上限时，由于长期的持有，避免不一致倾向会加深对个股前景的看好并上调其合理区间；当等待买入的个股下跌到设定的目标位时，由于长期的等待，避免不一致倾向会调低止损点。这时，对于投资者就是相当危险的了。

坦然接受不一致性

选择一项事物的前后,对其可能性的估计产生变化,起源于心理学上的"一致性"。西奥蒂尼的《影响力》中,有段话颇值得品味:

一旦我们做了一个决定或者选择一个立场,就发自内心或者是外来的压力迫使我们与此保持一致。而根据这个,我们可以看到人们一旦选择一个立场,其实就是一个承诺,必须遵守,甚至损害自己的利益也干。

索罗斯最懂得如何摆脱"承诺和一致性"的束缚。他四处声称自己不可能无懈可击,所以对自己出尔反尔不以为耻。

对付随机性,他使自己的头脑保持批判性的开放,但正因为他有这种自知,才有更大的能量。

反差导致的误判

心理学家曾做过一个反差实验:拿三桶水——一桶热水、一桶冷水、一桶常温水。让一个被试者把左手放入热水中,右手放入冷水中,然后再把两只手同时放入常温的水中。当然,一只手感觉很热,另一只感觉很冷。这是因为人的感觉器官在强烈的反差之下被过度影响了。没有绝对温标,只有相对的温度,甚至还有量子效应在其中。

传统经济学的偏好理论假设，人的选择与参照点无关。近年来兴起的行为经济学则证实，人们的偏好会受到单独评判、联合评判、交替对比等因素的影响。

我们对得与失的判断，是来自比较。

有句俏皮话说，如果你比你的连襟一年多赚1万块钱，你就是有钱人了。抚养过兄弟姐妹，或者与人合伙创业过的人，会对这个"同侪悖论"都有所了解。

假设你面对这样一个选择：在商品和服务价格相同的情况下，你会选择哪一种？

A. 其他同事一年挣6万元的情况下，你的年收入7万元。

B. 其他同事年收入为9万元的情况下，你一年有8万元进账。

调查结果出人意料：大部分人选择了前者。

巴菲特常说："不是贪婪，而是忌妒推动着世界前进。"事实上，我们拼命赚钱的动力，很大程度上是来自同侪间的忌妒和攀比。

图书在版编目（CIP）数据

心智突破：行为经济学与认知升级 / 孙惟微著. —北京：中国华侨出版社，2021.7（2023.3 重印）
　ISBN 978-7-5113-8533-8

　Ⅰ.①心… Ⅱ.①孙… Ⅲ.①行为经济学—通俗读物 Ⅳ.① F069.9-49

中国版本图书馆 CIP 数据核字（2021）第 086658 号

心智突破：行为经济学与认知升级

著　　者：孙惟微
责任编辑：张　玉
封面设计：冬　凡
文字编辑：刘朝慧
美术编辑：李丝雨
经　　销：新华书店
开　　本：880mm×1230mm　1/32 开　印张：8　字数：130 千字
印　　刷：三河市华成印务有限公司
版　　次：2021 年 7 月第 1 版
印　　次：2023 年 3 月第 2 次印刷
书　　号：ISBN 978-7-5113-8533-8
定　　价：35.00 元

中国华侨出版社　北京市朝阳区西坝河东里 77 号楼底商 5 号　邮编：100028
发 行 部：（010）88893001　　　　传　真：（010）62707370

如果发现印装质量问题，影响阅读，请与印刷厂联系调换。